Terence Wise / Guido Rosignoli

FLAGGEN UND STANDARTEN 1618–1900

Terence Wise/Guido Rosignoli

Flaggen und Standarten 1618-1900

Illustrationen
von Guido Rosignoli

Wilhelm Heyne Verlag München

Titel der englischen Originalausgabe
MILITARY FLAGS OF THE WORLD
1918 — 1900
Deutsche Übersetzung von Gunther Martin

Inhalt

Vorwort

Gegenwärtig gibt es eine Reihe sehr guter Publikationen über Nationalflaggen, während Werke über das Spezialgebiet militärischer Fahnen und Standarten größtenteils älteren Datums und somit vergriffen oder nur schwer erhältlich sind, außerdem behandeln sie zumeist die Feldzeichen einer bestimmten Armee und wurden in dem betreffenden Land geschrieben, so daß die Beschäftigung mit solcher Literatur die Kenntnis der jeweiligen Sprache voraussetzt. Dieses Buch bezweckt nun, wenigstens einigermaßen die vorhandene Lücke im Bereich der Fahnenkunde zu füllen, ausgehend von der Epoche, als jene militärische Formation entstand, die wir das Regiment nennen, bis zu der Zeit, als die Truppen im allgemeinen ihre Fahnen nicht mehr ins Gefecht mitnahmen.

In einem Buch des gegebenen Umfangs, das einen historischen Ablauf von rund drei Jahrhunderten zu erfassen trachtet, bleibt nur wenig Raum für genaue Beschreibungen von Einzelheiten, zwangsläufig mußte ich darauf verzichten, die offiziellen Bestimmungen für die Feldzeichen aller Länder oder auch bloß der wichtigsten Staaten im Wortlaut zu zitieren. Statt dessen habe ich aus der Gesamtheit eine Auswahl für den Abbildungsteil getroffen und diese Illustrationen durch möglichst konzise, informative Texte kommentiert.

Bei dieser Arbeit war ich bestrebt, ein ausgewogenes Verhältnis zwischen militärgeschichtlich berühmten Fahnen und Standarten und weniger bekannten herzustellen, z. T. Sonderformen, die entweder in Publikationen noch nicht abgebildet wurden oder im Original weiteren Interessentenkreisen kaum zugänglich sind und hier vielleicht als »Entdeckung« gelten dürfen. Um die maximale Zahl von Objekten darzustellen, habe ich so viele Grundtypen als möglich erfaßt, d. h. die jeweils bindenden Muster für Feldzeichen der Truppen eines bestimmten Staates während einer begrenzten Epoche. Diese Entscheidung ergab sich für mich von selbst, da Fahnen und Standarten oft viele Jahre in Verwendung blieben, bis ein verändertes oder neues Muster eingeführt wurde — häufig bei einem Thronwechsel oder im Gefolge einschneidender politischer Ereignisse —, und weil die Varianten der Grundtypen leicht auf knappem Raum berücksichtigt werden können. So gelang es, weitaus mehr Feldzeichen der verschiedenen Heere einzubeziehen, als es nach der Zahl der Illustrationen auf den Farbtafeln und im Text auf den ersten Blick den Anschein hat. Hinweise ermöglichen Vergleiche der einzelnen Phasen und der stilistischen Wandlungen, um dem Leser ein abgerundetes Bild der Entwicklung der Fahnen und Standarten vom Beginn des Dreißigjährigen Krieges bis zum Ende des 19. Jahrhunderts zu vermitteln.

Literatur

Bücher

Barraclough, E. M. C.: »Flags of the World«, 1971

Blake, M.: »American Civil War Infantry«, 1970; »American Civil War Cavalry«, 1973

Blount, T.: »The Art of Making Devises«, 1650

Brückner, A. und B.: »Schweizer Fahnenbuch«, 1942

Bullock, H.: »Indian Cavalry Standards«, 1930; »Indian Infantry Colours«, 1930

»Catalogue of Foreign Colours, Standards and Guidons«, Kungl. Armémuseum, Stockholm

Chariol, Bouillé du: »Les Drapeaux Françaises de 507 à 1872«, 1. Aufl. 1872, 2. Aufl. 1875

Chelminski, J. V. und Malibran, A. M.: »L'Armée du duché de Varsovie«, 1913

Cox, M. W.: »Romantic Flags of Texas«, 1936

Curson, H. H.: »Colours and Honours in South Africa«, 1948

Edwards, T. J.: »Standards, Guidons and Colours of the Commonwealth Forces«, 1953

Ford, J.: »War Flags etc. at Chelsea Hospital«, 1861

Fraser, E.: »War Drama of the Eagles«, 1912

Gayre, G. R.: »Heraldic Standards«, 1959

Grouvel, Vicomte: »Les Corps de Troupe L'Emigration Française«, 1957—64

»Historische Fahnen«, Album 8 der Reihe »Die Welt in Bildern«, 1919 (?)

Hollander, O.: »Les Drapeaux des Régiments d'Infanterie Française«, 1933

Hulme, F. E.: »Flags of the World«, 1908

Kaindl, F.: »Von den gemalten zu den gewebten Feldzeichen«, in: »Schriften des Heeresgeschichtlichen Museums Wien«, 4. Bd., 1969

Katcher, P.: »Armies of the American Wars 1753—1815«, 1975

Lemonofides, D.: »British Infantry Colours«, 1971; »British Cavalry Standards«, 1971

Lerondeau, J.: »Au drapeau«, 1953

Lovell, W.: »Enseignes of the Regiments in the rebellious Citty of London«, 1643

Maury, A.: »Les Emblèmes et les drapeaux de la France«, 1904

Milne, S. M.: »Standards and Colours of the Army 1661—1881«, 1893

Niox, G. L.: »Drapeaux et Trophées«, 1910

Pengel, R. und Hurt, G. R.: »Flags of the French Infantry during the Seven Years War«, 1. Teil, 1975; »Prussian and Austro-Hungarian Flags of the Seven Year War«, 1976

Quaife, M. M.: »Flags of the United States«, 1942; »History of the United States Flag«, 1961

Rawkins, W. J.: »Kingdom of Saxony Infantry Standards 1810—13«, 1976

Sales, P. de: »Bandeiras e Estandartes«, 1930

Schermerhorn, F. E.: »American and French Flags of the Revolution 1775 bis 1783«, 1948

Smith, Whitney: »Flag Book of the United States«, 1970; »Flags of the American Revolution«, 1975; »Flags through the ages and across the world«, 1975 »Standards taken in the Civil War«, 1643

Swengizow, W. W.: »Snamena i standarty russkoj armij XV—1914«, 1964

Symonds, R.: »Diary of the Marches of the Royal Army during the Great Civil War (1644—45)«, 1859

»Die Uniformen und Fahnen der deutschen Armee«, 189(?)

Venn, T.: »Military Observations or Tacticks ...«, 1672

Wiskowatow, A. W.: »Istoritscheskoje opisanje odjeschdy i wooruschenija rossijskich wojsk«, 1899—1902

Periodica

Es ist unmöglich, alle Einzelbeiträge anzuführen, die bei der jahrelangen Sammeltätigkeit herangezogen wurden, aber jene Periodica, die für die Arbeit an diesem Buch von besonderem Wert waren, sind im folgenden genannt. Hervorheben möchte ich die verdienstvollen Forschungen von Commander R. O. Morris, Royal Navy, W. Y. Carmen, Pietro Crociani und Dino Lemonofides.

»Alto Congresso 1 Internazionale, Amatori d'Armi«; »Army Historical Research Journal«; »Army Quarterly«; »Deutsches Soldatenjahrbuch«; »Flag Research Center Bulletin«; »King's Royal Rifle Corps Chronicle for 1923«; »Military Collector and Historian«; »Military Historical Society Journal«; »Miniature Warfare«; »Modelworld«; »National Geographical Magazine« Jg. 1934 und 1949; »Society Napoleonic Journal«; »Tradition«.

Museen

Mein aufrichtiger Dank gilt den Kustoden und wissenschaftlichen Mitarbeitern folgender Institute:
British Library, London; Victoria and Albert Museum, London; National Army Museum, London; Luzo-Brazilian Council, London; Arquivo Histórico Militar, Lissabon; Musée de l'Armee, Paris; Kungl. Armémuseum, Stockholm; Heeresgeschichtliches Museum, Wien; Estado-Major do Exército, Lissabon; Servicio Historico Militar, Madrid.

Persönlicher Dank

Ferner möchte ich die Gelegenheit wahrnehmen, folgenden Personen, die mich bei meinen Forschungen durch Beistellung von Material oder Hinweise unterstützten, meinen Dank auszusprechen:
Ignacio de Ribot y de Balle, Mike Blake, Tony Burgess, Fred Feather, Alan Hansford Waters, Furio Lorenzetti, Louis Loynes (†), Louis Muhlemann, Otto v. Pivka, W. P. Sellick, Major Peter Walton und Brigadier Peter Young.
Und schließlich danke ich Barry Gregory vom Verlag Blandford Press, der das Manuskript lektorierte und auf Grund seiner Sachkenntnis eine Reihe strittiger Fragen klärte.

Geschichtlicher Überblick

Entwicklung der Fahnen

Es ist nicht bekannt, wann oder wo die ersten Fahnen entrollt wurden, doch in den schriftlichen Überlieferungen seit Anbeginn finden wir sie bei fast allen Kulturvölkern als im Kampf vorangetragene Zeichen oder Symbole erwähnt. »Banner« werden im Alten Testament sehr ausführlich geschildert, und man weiß, daß an den geschnitzten hölzernen Feldzeichen der Ägypter (etwa 3000 v. Chr.) wimpelartige Bänder befestigt waren. Doch diese frühesten kriegerischen Symbole hatten die Form statischer Objekte, die an Stangen steckten. Sie waren Zeichen und keine Fahnen im eigentlichen Sinn. Die ägyptischen Bänder waren bloße Beigaben, und was die biblischen »Banner« betrifft, weiß man trotz allem nicht, wie sie wirklich ausgesehen haben könnten.

Einer der ersten Hinweise auf eine Fahne findet sich in chinesischen Aufzeichnungen aus dem Jahr 1122 v. Chr., und der erste Bericht über eine Reiterfahne steht im chinesischen »Buch des Krieges«, geschrieben etwa 500 v. Chr. Die früheste erhaltene Abbildung einer Fahne, ebenfalls chinesisch, stammt aus einem Grab der Han-Dynastie (200 v. Chr. bis 200 n. Chr.). Das waren bereits richtige Fahnen, d. h. sie bestanden aus Textilien, wahrscheinlich aus Seide, und hatten eine entsprechende Größe. »Zeichen« werden im 5. Jahrhundert v. Chr. in Phönizien erwähnt, und es ist sehr interessant, zu erfahren, daß die Griechen während desselben Zeitraums in Seeschlachten Vorläufer der Signalflaggen verwendeten. All diese frühen Zeugnisse lassen den Schluß zu, daß sich Fahnen vor rund 3000 Jahren im Osten entwickelten und im 5. Jahrhundert v. Chr. schon bis in die Mittelmeerländer verbreitet waren und daß es bereits bestimmte Vorstellungen von ihrer Gestaltung und Funktion gab.

Vom Mittelmeer verbreitete sich der Usus nordwärts, in die römische Republik, wo für Reiterabteilungen das Vexillum aufkam. Doch für ihre Legionen behielten die Römer den Typus des Signums bei, deshalb ergab sich während jener Epoche in Europa kaum eine Weiterentwicklung der Fahne. Das Vexillum, die Querstabstandarte mit frontal herabhängendem Tuch, blieb bis zum 9. Jahrhundert die einzige eigenständige Fahnenform der westlichen Welt. Es war in China und von dort auf dem Weg durch den Orient, daß die Fahne ihre Bedeutung als Symbol von Macht und Herrschaft erlangte, senkrecht an einer Stange befestigt, so daß sie sich entfalten und im Wind wehen konnte, durch die Farben und die Bewegung des Tuches die Aufmerksamkeit auf sich zog.

Die islamischen Völker des Nahen Ostens hatten seit langem Zeichen verwendet, aber es ist bekannt, daß sie spätestens seit dem 7. Jahrhundert n. Chr. auch Fahnen führten. Die Maureninvasion Spaniens im 8. Jahrhundert brachte die von einer Lanze wehende Fahne in den Westen, in der Folge übernahmen die Spanier und die Portugiesen diese Form des Feldzeichens.

In Nordwesteuropa tauchte die erste senkrecht fixierte Fahne etwa im Jahr 878 n. Chr. auf — die berühmte Rabenfahne der Wikinger. Es wäre denkbar, daß Wikinger, die für die Kaiser von Byzanz kämpften, die Anregung nach Skandinavien heimbrachten. Aus den Darstellungen des Bildteppichs von Bayeux, der zwischen 1070 und 1080 entstand, wissen wir mit Bestimmtheit, daß solche Fahnen in Westeuropa bereits fest verankert waren, möglicherweise hatte ihre Verbreitung zwei Impulszentren: nördlich und östlich von der iberischen Halbinsel aus, südlich und westlich von Skandinavien her. Zur Zeit der Kreuzzüge war die Verwendung von Fahnen im Kriegswesen sowohl für Reiterei als auch Fußvolk allgemein.

Zunächst schien es im Abendland keinen oder nur geringen ordnenden Einfluß auf die Gestaltung und den Einsatz der Fahnen zu geben. Doch um die Mitte des 12. Jahrhunderts hatte sich bereits die Heraldik herausgebildet und eine Regelhaftigkeit erlangt, welche das Aussehen, den ganzen Stil von Fahnen im Bereich der Christenheit veränderte.

In jenem frühen Stadium war die Heraldik bestrebt, durch die verschiedenen möglichen Schildteilungen und einprägsame Figuren rasch erkennbare Zeichen zu schaffen, ein Prinzip, daß sich vom Wappen sinngemäß auf die Fahne übertragen ließ. — »Fahne« ist in diesem Fall ein Sammelbegriff, der sich während des Mittelalters im wesentlichen in folgende Gruppen unterteilte:

1. *Pennoncelle:* der persönliche Wimpel eines Ritters, an seiner Lanze getragen.
2. *Pennon:* die Fahne eines Führers mehrerer kleiner Abteilungen Reisiger.
3. *Banner* oder *Panier:* die persönliche Fahne eines Herrschers, Grafen oder Freiherrn.

An der Wende vom 15. zum 16. Jahrhundert setzte in der Heraldik ein erster Niedergang ein, die Schildteilungen und die Heroldsbilder wurden komplexer, teils infolge der Nötigung, stärker zu differenzieren, da nun mehr Menschen als zuvor das Recht hatten, Wappen zu führen und teils, weil man solche Wappen eher nach künstlerischen Gesichtspunkten als dem ursprünglichen einfachen Zweck gemäß gestaltete, denn ihre rein funktionelle Rolle war bereits ausgespielt. (Schilde wurden im Kampf nicht mehr getragen, der Einzelne und die Formation waren nun an ihren Fahnen kenntlich.) In jener Epoche kam es auch zu Kriegen, bei denen religiöse oder andere ideelle Beweggründe die beiden Parteien schieden, und diese Frontenbildung brachte in den Stil der Fahnen eine Fülle neuer, unheraldischer Symbole und Elemente, besonders den bereits gezielt »propagandistisch« gemeinten Wahlspruch. Aus solchen Entwicklungen resultieren die formal aufwendigen, künstlerisch außerordentlichen, aber funktionell unübersichtlichen militärischen Fahnen, die für die Spätrenaissance typisch sind.

Gegen Ende des 16. Jahrhunderts zeigte sich bei den Fahnen des Fußvolks die Tendenz zu beträchtlichem Flächenmaß des Fahnenblattes, die Reiterei indessen führte nun als häufigsten Typus das »Guidon«, eine Fahne mit schwalbenschwanzförmigem oder gespaltenem äußeren Rand.

Weitere Veränderungen ergaben sich durch das Anwachsen stehender Heere. Zu Anfang des 16. Jahrhunderts begannen die Armeen auf dem europäischen Kontinent von der mittelalterlichen Organisationsform abzugehen, in der kleine Truppenkörper unter einem Hauptmann dienten, für die Schlacht lose zu größeren Verbänden zusammengefaßt, aber nur ihrem eigenen Führer zu Gehorsam verpflichtet und auf ihre eigenen Fahnen eingeschworen. Nun kam es zu auf längere Dauer berechneten Gruppierungen wie etwa den spanischen »tercios«. Damals bedeutete das Wort »Regiment« nicht viel mehr als eine Streitmacht, die für eine bestimmte Aufgabe vereinigt wurde, doch in der Übergangsphase vom Ende des 16. zum Beginn des 17. Jahrhunderts wurde das Regiment zur permanenten Einrichtung, man verstand nun darunter eine Formation zu Fuß oder zu Pferd, gegliedert in eine geregelte Zahl von Kompanien oder Schwadronen mit jeweils mehr oder weniger genau festgesetzter Mannschaftsstärke.

Zunächst bewirkte die Institution stehender Heere geringe Veränderungen für die Fahne im Kampfgeschehen. An die Stelle der feudalen Aufgebote aus den einzelnen Landstrichen traten von überall angeworbene Söldnerscharen, und der Befehlshaber übte seine Autorität nicht nach Geburtsrecht und Adelsstand, sondern auf Grund eines Offizierspatents der Krone. Aber ein Obrist, der im Auftrag des Herrschers ein Regiment aufzustellen hatte, war für gewöhnlich Aristokrat und formierte die Truppe aus Bewohnern seiner Besitzungen oder überließ es seinen Hauptleuten, einige Kompanien aus ihren Grundsassen zu bilden. So blieb das Feudalsystem unter anderem Namen weiterhin bestehen. Dies war besonders bei der Reiterei der Fall. Während der ersten Hälfte des 17. Jahrhunderts waren berittene Truppen noch immer ein Reservat des Hochadels, sie führten nun Standarten, also Feldzeichen mit kleinerem Blatt, die zu Pferd besser zu tragen waren. Diese Standarten waren oft sehr kostbar gefertigt und zeigten, von reicher Ornamentik umgeben, das Emblem des betreffenden Obristen oder Rittmeisters. Aus denselben Gründen blieben die Fahnen des Fußvolks im Landsknechtsstil der Renaissance, wobei jede Kompanie innerhalb des Regiments ihre eigene Fahne hatte.

Allmählich bahnte sich eine gewisse Vereinheitlichung an, ebenso wie in derselben Epoche — der 1. Hälfte des 17. Jahrhunderts — die Regimenter zu gemeinsamen Rockfarben übergingen. Diese schienen nun häufig auf den Fahnen bzw. Standarten auf, die einzelnen Kompanien und Schwadronen unterschieden sich nur durch wechselnde Embleme. In manchen Fällen wurde für die Fahnen eines Regiments eine Grundfarbe gewählt, noch bevor die Kleidung der Soldaten selbst den Charakter einer Uniform annahm (um 1640). Gleichzeitig fügten manche Länder ihren Feldzeichen nationale Symbole ein, z. B. Frankreich das weiße Kreuz und England das rote Kreuz St. Georgs, die beide aus den Kreuzzügen stammen. So zeigte die Fahne in ihrer Gesamtheit auf einen Blick den Staat, das Regiment und die Kompanie an.

Von diesen bescheidenen Anfängen entwickelte sich das Zeichen staatlicher Oberhoheit auf den Truppenfahnen schrittweise im Verlauf der weiteren kriegerischen Auseinandersetzungen, bis in den Feldzügen nach der Französischen Revolution aus der rein militärischen Fahne in vielen Fällen die Nationalflagge hervorging, die seither für jeden Staat das stolze Sinnbild seiner eigenständigen Existenz ist.

Den ersten Anstoß zu einer tatsächlichen Systemisierung der Fahnen nach unseren heutigen Begriffen gab wahrscheinlich die Unterteilung der Fußregimenter in drei Glieder — zwei der Musketiere, eines der Pikeniere — zu Beginn des 17. Jahrhunderts. Das Datum ist nicht eindeutig feststellbar, vermutlich erfolgte die organisatorisch-taktische Umstellung generell gesehen in langfristigen Etappen, doch schließlich wurden die Kompaniefahnen abgelegt, und jeder der drei Flügel führte seine eigene Fahne, so daß er für sich allein eingesetzt werden konnte und dennoch als Teil seines Regiments erkennbar blieb. Es ist zweifelhaft, ob je ein Befehl in diesem Sinn erlassen wurde.

Die nächste größere Änderung ergab sich im Zusammenhang mit der Einführung des Bajonetts gegen Ende des 17. Jahrhunderts, dadurch waren die Pikeniere überholt, und die Schlachtordnung in drei Glieder wurde illusorisch. Deshalb verschwand auch in den ersten Dezennien des 18. Jahrhunderts, bis auf manche Ausnahmsfälle, die dritte Fahne.

Etwa um dieselbe Zeit setzten in den meisten europäischen Ländern Bestrebungen ein, die Gestaltung der Truppenfahnen durch offizielle Regelungen zu fixieren, aber es wurde nicht sonderlich auf die praktische Einhaltung solcher Bestimmungen geachtet, da jeder Obrist für die Fertigung der Fahnen seines Regiments verantwortlich zeichnete, was natürlich je nach Auffassung und individuellem Geschmack allerlei Abweichungen bedingte. Diese Freizügigkeit wurde erst eingeschränkt, als im weiteren Verlauf Dekrete bindende Muster festlegten, nach denen sich alle Fahnen zu richten hatten. Selbst dann blieb bis zum Beginn des 19. Jahrhunderts noch immer ein gewisser Spielraum für Varianten im Rahmen der geltenden Vorschriften.

Die erste der beiden Fahnen eines Regiments hieß nun im allgemeinen die Königs- oder Leibfahne und symbolisierte die Treue zum Monarchen und zum Staat (in Republiken zum Staat allein). Sie zeigte vielfach das Wappen des Herrschers oder die Farben der Nationalflagge, sofern es eine solche bereits gab. Da dieses Feldzeichen ursprünglich von der 1. Kompanie geführt wurde, die der Oberst des Regiments persönlich kommandierte, nannte man es oft auch Obristenfahne, ein legitimer Ausdruck, der in den Kommentaren zu den Bildtafeln dort verwendet wird, wo nicht bestimmte Termini wie »Leibfahne« (deutscher Raum) »livfana« (Schweden) oder »King's bzw. Queen's Colour« (britisch) etc. vom dargestellten Objekt her gegeben sind.

Die zweite Fahne führte dem Soldaten seine Bindung an das Regiment, dessen Ehre und Traditionen, vor Augen.

Prinzipiell gilt für den in diesem Buch behandelten Zeitraum zwischen dem Ausbruch des Dreißigjährigen Krieges und dem Jahr 1900 nach Truppengattung und Größe die dem fachlich Interessierten geläufige Trennung in die beiden Gruppen:

1. *Fahnen:* Infanterie (u. a. Einheiten zu Fuß)
2. *Standarten:* Kavallerie (und reitende Artillerie)

Durch die Form unterschieden ist nochmals das bereits erwähnte *Guidon* zu nennen. Dieses kann, je nach seinen Maßen, den Standarten oder den Fahnen zuzuordnen sein, weist aber immer den gespaltenen, gewinkelten oder abgerundeten Schnitt auf. Historisch betrachtet ist das Guidon das typische Feldzeichen der Dragoner des Barock, die damals noch keine normale Reiterei, sondern berittenes Fußvolk (mit Hauptleuten statt Rittmeistern, Tambours etc.) waren. Später übernahmen, in Standartengröße, z. B. die preußischen Husaren diese Form.

»Anatomie« der Fahne

Wie früher dargelegt, waren die Fahnen des Mittelalters rein heraldisch und folgten daher in der Gestaltung den Gesetzen der Heraldik. Bei militärischen Fahnen ist dies nur bis zu einem gewissen Grad der Fall, da sie einige besondere, vom Wappen abweichende Eigenschaften haben müssen — vor allem leichte Erkennbarkeit auf Distanz im Getümmel. Z. B. ist die heraldische Grundregel, daß bei den »Tinkturen« niemals Farbe auf Farbe (rot, blau, schwarz, grün) oder Metall auf Metall (gold, silbern) gesetzt werden soll, nicht unbedingt bindend. Ähnlich sind die heraldischen Orientierungen »rechts« und »links« — die *stets* von einem gedachten Schildträger und nie vom Beschauer ausgehen — nicht notwendig. Die Fahnenkunde hat ihre eigene, wenn auch nicht ganz streng definierte Terminologie.

Bei der Beschreibung der einzelnen Teile einer Fahne denke man sich, daß der Träger sie, dem Beschauer frontal zugewandt, mit der rechten Hand an der Stange hält, so daß das Fahnentuch oder Fahnenblatt über seinem Kopf weht. In dieser Stellung ist die dem Betrachter zugekehrte Seite des Blattes das »Avers«, die Rückseite des »Revers«. Die anderen Bezeichnungen sind bei der Abbildung angegeben.

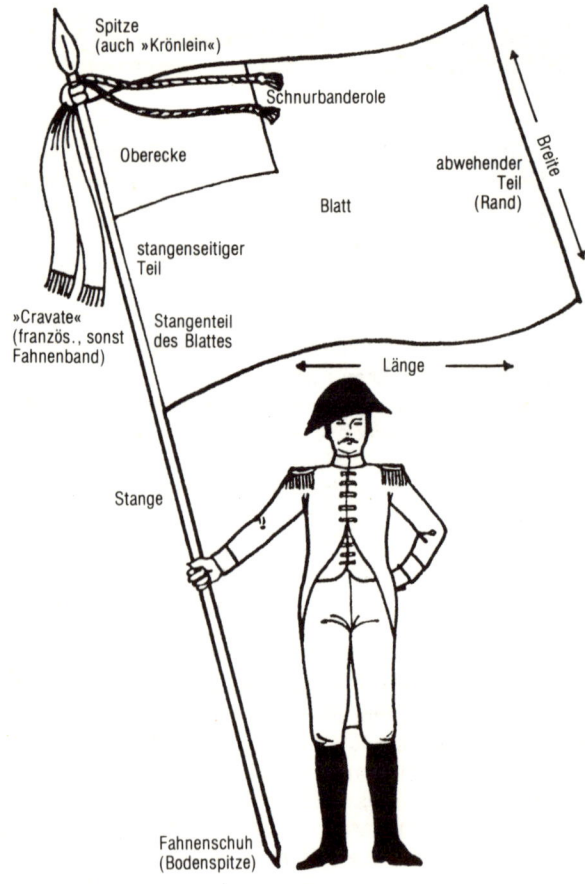

Fig. 1.: Teile der Fahne

Wie in der Heraldik gilt die Bewertung, daß rechts die vornehmere Seite ist, hier also stangenseitig. Der »Ehrenplatz« ist die Oberecke, deshalb wird dort häufig das Herrscher- oder Staatswappen, die verkleinerte Nationalflagge oder ein besonders wichtiges Emblem eingefügt.

Am günstigsten ist es, das Fahnenblatt aus zwei Stoffflächen zusammenzunähen oder die Stickereien von Avers und Revers auf dem gleichen textilen Träger anzubringen. Malerei ist nicht zu empfehlen, da gemalte Fahnen keine lange Lebensdauer haben. Es ist eine bezeichnende Beobachtung, daß es sich bei gemalten Feldzeichen vielfach um Kavalleriestandarten handelt — diese kamen seltener in den Kugelhagel und ins Handgemenge als die Infanteriefahnen. Eine Fahne sollte auch möglichst aus Material einheitlicher Struktur bestehen, damit sie leicht bleibt, sich gut entfaltet und deutlich sichtbar ist. Auch hier sind es häufiger die manchmal reich bestickten und mit Fransen gesäumten historischen Reiterstandarten, die nicht aus eigenem frei wehen. Doch da sie meist ziemlich klein sind, genügte es, die Stange kurz zu schwingen, um das Blatt zu entfalten, wobei schon das Eigengewicht den Schwung verstärkte.

Bedeutung und Sinngebung der Fahnen

Die frühesten Fahnen waren fast ausschließlich religiöser Art, sie trugen entweder geheiligte Symbole zur Anbetung oder Zeichen des Göttlichen, und die suggestive Kraft einer Fahne entsprang damals der Macht dieser engen religiösen Bindung. Die ersten französischen Fahnen zeigen die »oriflamme«, die Goldflamme der Abtei St. Denis, und den blauen Mantel St. Martins. Die Russen führten Abbilder des hl. Andreas und des hl. Georg. Und jahrhundertelang zogen die Engländer nicht nur unter dem Drachenbanner ihrer Vorfahren in den Kampf, sondern auch unter den Fahnen der Allerheiligsten Dreifaltigkeit, des hl. Georg und Eduards des Bekenners. Oft waren es Mönche oder Priester, welche diese Fahnen ergriffen, um den Truppen Mut einzuflößen und ihnen den Glauben zu geben, die Heiligen würden ihnen in der Schlacht beistehen. Jeanne d'Arc erklärte, ihr Banner wiege hundert Lanzen auf. Noch heute spielen die kostbaren, reich bestickten Kirchenfahnen bei den katholischen und griechisch-orthodoxen Prozessionen eine über das Schaugepränge hinausreichende wichtige Rolle. Während der meisten Zeit der neueren Geschichte zeigten die Militärfahnen Frankreichs und Britanniens weiterhin das Kreuzzeichen, ein Symbol, das diese Länder in der Epoche der Kreuzzüge gewählt hatten.

Die religiösen Fahnen waren oft auf die rein bildliche Darstellung orientiert: die Jungfrau Maria, Christus oder Heiligengestalten. Während des Mittelalters traten an ihre Stelle auf den Kriegsfahnen heraldische Motive, doch in der Renaissance kehrten die sakralen Bildinhalte wieder, und besonders in der ersten Phase des Dreißigjährigen Krieges herrschten sie noch immer vor. So waren zu Beginn des Zeitraums, den wir in diesem Buch behandeln, »religiöse« Fahnen noch immer in allgemeiner Verwendung, bis um die Mitte des 17. Jahrhunderts wieder das Heraldische und Emblematische an Bedeutung gewann.

Von den frühesten Zeiten an wurde Fahnen und Standarten durch die feierliche Weihe vor der Übergabe an die Truppe die kirchliche Würdigung zuteil. (Eine Tradition, die in katholischen Ländern bis heute gepflegt wird.) Deutsche Söldner des Spätmittelalters und der Frührenaissance leisteten einen heiligen Eid, ihre Kompaniefahne bis zum letzten Blutstropfen zu verteidigen, und gegen Ende des 16. Jahrhunderts gab es auch in England eine Form der Fahnenweihe. Aus viel späterer Zeit datiert in England die Sitte, die Fahnen und Standarten aufgelöster Regimenter im Rahmen eines Gottesdienstes nochmals zu segnen und dann in der Garnisonskirche aufzubewahren.

Dies alles zeigt an, daß Fahnen und Standarten seit je einen gewissen sakralen Charakter besaßen und deshalb immer Gegenstand der Verehrung waren. Aber die Symbolik einer militärischen Fahne geht über das Religiöse hinaus: Sie ist das überzeitliche Sinnbild der Verpflichtung des Regiments gegenüber der Krone und dem Staat und der Bindung jedes einzelnen Soldaten an sein Regiment — diese ideellen Werte sind es, welche die Truppe würdigt, wenn sie ihrer Fahne die Ehrenbezeigung leistet. Es ist vielleicht nicht ohne tiefere Bedeutung, daß in dieser Phase unserer Geschichte, da die Menschen in der westlichen Welt allmählich die Erkenntnis gewinnen, es gebe außer der rein materiellen und materialistischen Wunscherfüllung auch andere Werte, erste Anzeichen eines neu erwachenden Interesses an militärischen Fahnen festzustellen sind — die Hinwendung zu Symbolen also, deren eigentliches Wesen in rein geistigen und historischen Begriffen beschlossen liegt.

Vermerk des Übersetzers

Bei der Beschäftigung mit der Militärgeschichte — und die Fahnenkunde ist ein Teil von ihr — ergibt sich die Erwägung, fremdsprachige Ausdrücke und Bezeichnungen im Original zu übernehmen, sofern sie als Termini gelten können und die Eigenart des dargestellten Heeres betonen. Im besonderen Maß trifft dies für die Armee Großbritanniens zu. Regimentsnamen spielen dort eine historisch fundierte, viel wesentlichere Rolle als in den Streitkräften anderer Staaten, sie sind in vielen Fällen nur unzulänglich übersetzbar, außerdem zeigte die Erfahrung, daß der speziell interessierte Leser — völlig zurecht — konsequente schematisierende Verdeutschungen gar nicht schätzt. (Wie mühsam holpert doch etwa »Des Königs Eigenes Königliches Regiment« statt des geläufigen und sinnvollen »The King's Own Royal Regiment«!)

Da die englischen Bezeichnungen gewiß allgemein verständlich sind, wurden sie aus Gründen des Authentischen bis auf wenige Ausnahmen beibehalten (wenn nötig mit kurzer Erklärung). Das gleiche gilt für die französischen Regimentsnamen, die bereits der Autor im Original beließ.

An dieser Stelle sei Prof. Dr. Franz Gall/Universität Wien und Kustos Dr. Franz Kaindl/Heeresgeschichtliches Museum Wien sowie Dir. Dr. Peter Jaeckel und Kustos Dr. Ernst Aichner/Bayerisches Armeemuseum Ingolstadt herzlich gedankt. Als namhafte Kenner der Materie boten sie während der Arbeit an der Übersetzung wichtige sachliche Hinweise und Ratschläge.

Gunther Martin
Wien - Salzburg

19

Begriffsbestimmungen

Battle Honours: Schlachtennamen, auf den Fahnen britischer (u. z. T. auch amerikanischer) Regimenter.

Burgunderkreuz oder *Astkreuz:* Andreaskreuz mit mehr oder weniger stilisierten Aststümpfen, meist rot, eines der wichtigsten Symbole des burgundischen Erbes der Habsburger, etwa seit Karl V. vor allem auf spanischen Fahnen und Standarten.

Colour: In der britischen Fahnenkunde der übliche Ausdruck für die Fahne, besonders in der Verbindung »King's (oder Queen's) Colour« und »Regimental Colour« für die auch heute noch geführten beiden Fahnen eines Infanterieregiments. (Das normalerweise nur ein Bataillon umfaßt.)

Cornet oder *Kornett:* Reiterstandarte des 17. Jahrhunderts, zugleich auch Rangbezeichnung des Standartenträgers, dem Fähnrich des Fußvolks vergleichbar. (Der historische Ausdruck blieb in der Literatur lebendig. — Rainer Maria Rilke: »Weise von Liebe und Tod des Cornets Christoph Rilke.«)

Devise: Wahlspruch religiösen oder ideellen Inhalts, vielfach entweder vom Monarchen oder vom Regimentskommandeur geprägt bzw. gewählt, seit der Napoleon-Zeit häufig allgemein patriotisch national. Im Verlauf des 17. Jahrhunderts nicht selten auch Ausdruck des Esprit de Corps eines Regiments, zuweilen mit einer deutlichen »propagandistischen« Note (kaum anders als der heutige Slogan!). Direkt auf dem Fahnenblatt oder auf einem *Spruchband* angebracht. Trägt ein solches Band nur die Bezeichnung des betreffenden Truppenteils, dann wird es in diesem Buch als *Schriftband* erwähnt.

Fahnenbild: Die Gesamtheit von Emblemen, Wappen, Motiven und Abzeichen auf einer Fahne. Auch das beherrschende Mittelemblem allein. Analog dazu das *Standartenbild*.

Feldzeichen: Der gebräuchliche Sammelbegriff für Fahnen, Standarten und andere von der Truppe geführte Zeichen (die den Rang einer Fahne besitzen, z. B. die napoleonischen Adler).

Flagge: Heute meist im Sinn von National- oder Schiffsflagge. Zum Unterschied von der Fahne, die einer bestimmten begrenzten Gemeinschaft zu eigen ist, repräsentiert die Flagge das übergeordnete (staatliche) Gefüge und ist als Einzelstück ohne weiteres ersetzbar bzw. in beliebiger Anzahl zu fertigen. Stilistisch besteht der Unterschied zur Fahne in der möglichst einfachen, signalhaften Farbteilung. Seit dem Zeitalter der Nationalstaaten basieren Truppenfahnen in der Gestaltung z. T. auf den Nationalflaggen (z. B. den Trikoloren Frankreichs und Italiens).

Gewechselte und gestürzte Farben: Der Farbwechsel, etwa zwischen einem

Kreuz und den Feldern des Fahnenblattes bei gleichbleibender Einteilung ist ein häufig angewandtes Mittel zur Differenzierung. *Gestürzt* erscheinen zwei Farben in doppelter Umkehrung, z. B. wenn einem schwarz-gold geteilten Feld ein gold-schwarz geteilter Löwe aufgelegt ist.

Great Union: Verbindung des roten Georgskreuzes (England) und des weißen Andreaskreuzes (Schottland) im blauen Feld. Als »King's Colour« und in der Oberecke der »Regimental Colour« britischer Regimenter des 18. Jahrhunderts geführt. Die Einfügung des roten irischen Andreaskreuzes (seit 1801) ergab den seither gültigen *Union Jack.*

herschauend (gardant): Ein Wappentier mit dem Beschauer zugewandtem Haupt. Oft in der Verbindung »schreitend und herschauend«.

Muster: Bindende offizielle Gestaltungsnorm für Fahnen und Standarten. In neuerer Zeit meist mit der Jahreszahl der Einführung versehen. Auch das Wort »Modell« ist gebräuchlich.

Namenszug: Die *Initialen* eines Herrschers, in den meisten Fällen »gekrönt« oder »von der Krone überhöht«. Sachlich richtig kann man auch vom »Monogramm« sprechen, so daß drei Bezeichnungen für den einen Begriff gegeben sind.

Pennon: Fähnlein, ab dem 14. Jahrhundert ein dem Banner nachgeordnetes Feldzeichen. Im 15. Jahrhundert meist länglich und dreieckig, erhielt sich als Form vereinzelt in Osteuropa bis ins 17. Jahrhundert.

Quartiere: Die vier Felder eines gevierteten — »quadrierten« — Schildes oder Fahnenblattes. Sie werden in waagrechter Reihenfolge numeriert:

1 2
3 4

Raute: Rhombus oder auf der Spitze stehendes Quadrat in heraldischen Zusammenhängen.

schreitend (passant): Ein gehend mit einer erhobenen Vordertatze dargestelltes Wappentier.

Semée: Ist ein Wappen oder ein Fahnenblatt mit heraldischen Figuren, z. B. Lilien, besät, dann heißt dies »Semée«.

steigend (rampant): Ein aufgerichtetes Wappentier, das nur mit einer Tatze auf dem Boden ruht. Ältere heraldische Bezeichnung: »grimmend« (fast immer, wie auch die Termini »herschauend« und »schreitend« auf Löwen bezogen).

BILDTEIL

1. Bayern: Tillys Dragoner

2. Friedland:
Wallensteins Leibregiment

3. Standarte des Erzherzogs Leopold Wilhelm

4. Fulda: Reiterstandarte

5. Sachsen: Regiment zu Fuß Starschädel

6. Braunschweig: Reiterstandarte

TAFEL 1

7. Bayern:
Tillys Regiment zu Fuß

8. Bayern: Dragonerfahne

9. Bayern: Reiterstandarte

10. Bayern: Kurfürstenstandarte

11. Spanien: Reiterstandarte

12. Spanien: Infanteriefahne

TAFEL 2

13. Schweden: Robert Monroe's
Regiment zu Fuß

14. Schweden: »Livfana«,
Johan Banérs Leibregiment

15. Schweden: Reiter-Cornet,
Johan Banérs Leibregiment

16. Schweden:
Johan Forbe's Regiment

17. Dänemark: Reiterstandarte

18. Dänemark:
Regiment Friedrichs III.

19. Sachsen: Reiterstandarte

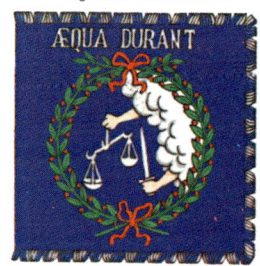

20. Sachsen:
Regiment Franz Albrecht

21. Régiment de Picardie

22. Régiment de Navarre

23. Régiment de Champagne

24. Régiment d'Auvergne

25. Régiment de la Marine

26. Les Gardes Écossaises

27. Polnische Reiterfahne

28. Gardetruppen des Königs
von Polen

29. Polnische Reiterfahne

30. Reiterfahne der Tartaren
in polnischen Diensten

31. Schweden: Deutsches Regiment v. Liebenstein

32. Schweden: Leibregiment
Magnus de la Gardie

33. Schweden: Carl Gustafs
Leibregiment

34. Schweden: Deutsche Garde
Carls XI.

35. Rußland: Regiment
des Zaren Alexis

36. Rußland: Zarenbanner

37. Rußland:
12. Strelizenregiment

38. Rußland: Fahne
der Zeit 1645—76

39. Leveson's Reiterregiment

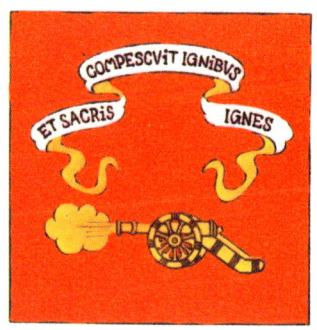

40. Lord Hopton's Gardeschwadron

41. King's Life Guards

42. Gerard's Regiment zu Fuß

43. Bagott's Regiment zu Fuß

44. Taylor's Regiment zu Fuß

45. Obristenfahne,
Tower Hamlets-Regiment

46. Majorsfahne, Orange Regiment

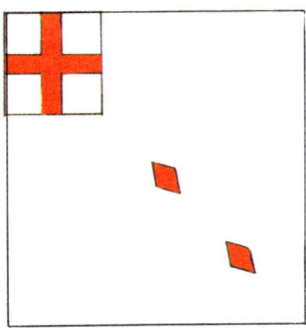

47. 1. Hauptmannsfahne, Weißes Regiment

48. 2. Hauptmannsfahne,
Grünes Regiment

49. 3. Hauptmannsfahne,
Blaues Regiment

50. 4. Hauptmannsfahne,
Gelbes Regiment

51. Robert, Earl of Essex

52. Essex's Leibwache

53. Oberst Lambert aus Yorkshire

54. 3. Dragonerregiment

55. Sir William Sanders
aus Buckinghamshire

56. Hauptmann West
aus Cambridge

57. Schweden: Reiterstandarte

58. Schweden: Dragonerfahne

59. Polen: Standarte
des Königs Johann Kasimir

60. Polen: Pennon der Reiterei

61. Rußland: Banner
der Zeit 1645—76

62. Dänemark: Regiment
Jürgen Rosenkrantz

63. Frankreich: Régiment du Roi

64. Frankreich: Régiment de Carignan

65. Britannien: King's Troop,
Horse Guards

66. Britannien: Queen's Troop,
Horse Guards

67. Schweden: Dragonerstandarte

68. Schweden: Reiterregiment Viborg

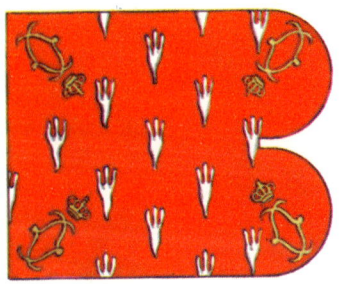

69. Frankreich:
Colonel-Général des Dragons

70. Frankreich: Dragons d'Orléans

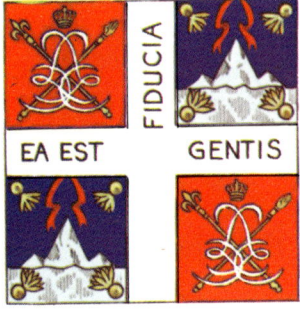

71. Frankreich:
Cent-Suisses de la Garde

72. Frankreich:
Régiment de la Couronne

73. Französische oder bayerische
Infanteriefahne

74. Britannien: King's Own Royal
Regiment of Dragoons

TAFEL 12

75. Schweden: Deutsche Garde
Seiner Majestät

76. Schweden: Infanterieregiment
Augusts von Sachsen-Halle

77. Dänemark: Leibgarde des Königs

78. Straßburg:
Berittene Bürgerkompanie

79. Brandenburg: Reiterregiment
Herzog Ernst Bogislav von Croy

80. Brandenburg:
Simon v. Bolsey's Marineinfanterie

TAFEL 13

81. Leibgarde Seiner Majestät

82. Västmanland-Kompanie
des Leibregiments

83. Obristenfahne,
Deutsches Leibregiment

84. Kompaniefahne,
Deutsches Leibregiment

85. Reiterregiment Västgöta

86. Infanterieregiment Närke-Värmland

TAFEL 14

87. Régiment de Bourgogne

88. Régiment de Bretagne

89. Les Gardes Suisses

90. Irisches Regiment Roth

91. Irisches Regiment Bulkeley

92. Irisches Regiment Fitzjames

93. Frankreich: Régiment de Poitou

94. Frankreich: Régiment de Chartres

95. Holland: Regiment Lewenhaupt

96. Holland: Infanteriefahne

97. Savoyen: Reggimento la Marina

98. Kurpfalz: Leibregiment

99. Coldstream Regt. of Foot Guards

100. 1st Regt. of Foot Guards

101. Scots Guards

102. Queen's Troop, Horse Guards

103. Royal Regiment of Horse

104. Earl of Shrewsbury's
Regt. of Horse

TAFEL 17

105. Rußland: Reiterregiment
Scheremetschew

106. Rußland: Infanterieregiment
Obutschow

107. Rußland: Obristenfahne,
Leibgarderegiment Preobraschenski

108. Rußland: Kompaniefahne,
Leibgarderegiment Preobraschenski

109. Sachsen: Dragonerfahne

110. Schweden: Artilleriestandarte

111. 12th Regiment of Foot

112. 1st Royal Regiment of Foot

113. Princess Ann of Denmark's Regt.

114. 10th Regiment of Foot

115. 3rd Regiment of Foot

116. Royal Regiment of Dragoons

117. Régiment d'Artillerie

118. Régiment du Roi

119. Dragons de la Reine

120. Régiment de Carmen

121. Régiment de Laffey

122. Régiment de Tiange

TAFEL 20

123. Spanien: Leibfahne
für Infanterie

124. Spanien: Irisches
Regiment Waterford

125. Bayern: Infanteriefahne

126. Bayern: Reiterstandarte

127. Würzburg: Reiterstandarte

128. Preußen: Infanteriefahne

129. Rußland: Infanterie und Dragoner

130. Rußland: Kürassiere

131. Frankreich: Cuirassiers du Roi

132. Österreich: Husaren

133. Sachsen: Reiterstandarte

134. Spanien: Reiterstandarte

135. Spanien: Regiment Badajoz

136. Spanien: Regiment Melilla

137. Spanien: Regiment Valencia

138. Frankreich: Hussards de Chamborant

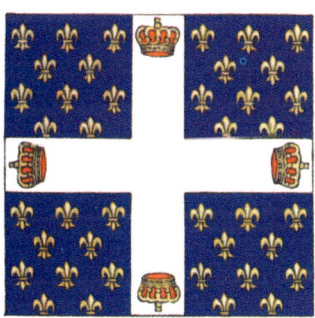

139. Frankreich: Gardes Françaises

140. Lübeck: Bürgerwehr

TAFEL 23

141. Preußen: 4. Dragonerregiment

142. Preußen: Malachowski-Husaren

143. Preußen: Infanterieregiment
von Holstein

144. Preußen: Pionierbataillone

145. Modena: Reggimento Reggio,
Obristenfahne

146. Modena: Reggimento Reggio,
Kompaniefahne

147. Britannien: 1. Guidon,
2nd Dragoon Guards

148. Britannien: 3. Guidon,
2nd Dragoon Guards

149. Britannien: »King's Colour«,
9th Regiment of Foot

150. Britannien: »Regimental Colour«,
2nd Queen's Regiment

151. Österreich: Leibfahne 1745
für Infanterie (Avers)

152. Österreich: Leibfahne 1745
für Infanterie (Revers)

153. England: King's Own Royal Regiment

154. England: 3rd Regiment of Foot

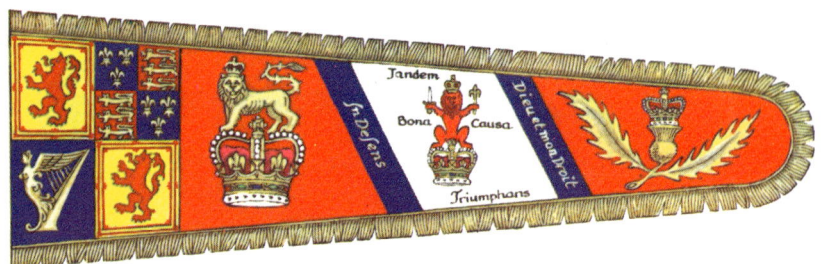

155. Schottland: Banner des Prinzen Charles Stuart

156. Schottland: Lord Ogilvy's Regiment

157. Schottland: Royal Écossais

158. »King's Colour«, 1st Royal Scots

159. »Regimental Colour«, 1st Royal Scots

160. 27th Inniskilling Regiment of Foot

161. 44th Regiment of Foot

162. 55th Regiment of Foot

163. 62nd Royal American Regiment

TAFEL 27

164. Régiment de la Sarre

165. Régiment de Guyenne

166. Régiment de Berry

167. Régiment de Béarn

168. Régiment de Royal Roussillon

169. Régiment de la Reine

170. Preußen:
Infanterieregiment Nr. 1

171. Preußen:
Infanterieregiment Nr. 7

172. Preußen:
Infanterieregiment Nr. 4

173. Sachsen: Artilleriefahne

174. Österreich: Bataillonsfahne 1745

175. Österreich: Bataillonsfahne 1743
»nach ungarischem Fuß«

176. Régiment de Cosse-Brissac

177. Régiment de Saintogne

178. Régiment de Briqueville

179. Régiment de Limousin

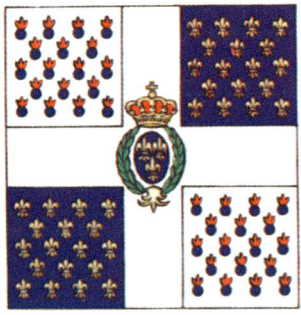

180. Grenadiers de France

181. Régiment de Royal Pologne

182. Britannien: 1st Foot Guards

183. Britannien: 2nd Foot Guards

184. Rußland: Garde à Cheval

185. Rußland: 1. Grenadierregiment

186. Rußland: Linieninfanterie

187. Rußland: Leibgarderegiment Semenowski

188. Britannien:
78th Highlanders, 1793

189. Britannien: 86th Foot, 1807

190. Britannien: 76th Foot, 1807

191. Britannien: 19th Light Dragoons

192. Französisches Korps
im Dienst des Tippu Sahib

193. Frankreich: Infanterie
(Gerrard ?)

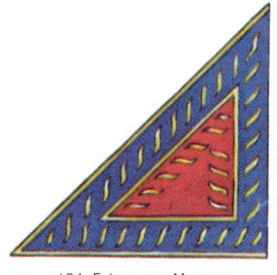

194. Fahne aus Mysore

195. Fahne aus Mysore

196. Elefantenfahne
aus Mysore

197. Gurkha-Fahne

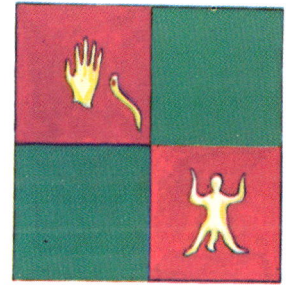

198. Bengalische Fahne

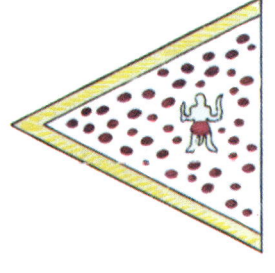

199. Bengalische Fahne

200. Ostindische Fahne

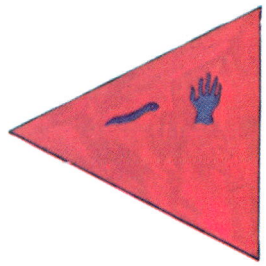

201. Ostindische Fahne

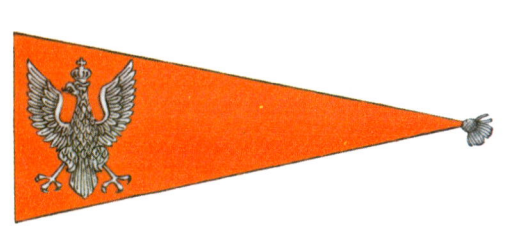

202. Polen: Wimpel der Irregulären

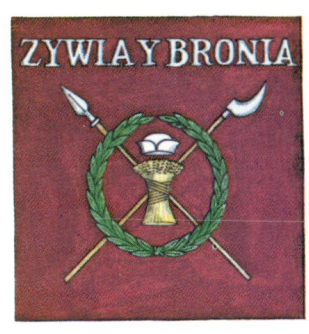

203. Polen: Krakauer Grenadiere

204. Preußen:
Infanterieregiment Nr. 19

205. Preußen:
Infanterieregiment Nr. 15

206. Rußland:
Kürassierregiment Nowgorodski

207. Rußland:
Leibgarderegiment Preobraschenski

208. »King's Colour«, 9th Foot

209. »Regimental Colour«, 9th Foot

210. 33rd Foot

211. 93rd Highlanders

212. 103rd Foot

213. »King's Colour«, Queen's Rangers

214. Braunschweig:
Regiment v. Rhetz

215. Braunschweig:
Regiment v. Specht

216. Hessen-Hanau:
Regiment Erbprinz

217. Ansbach-Bayreuth:
Infanterie

218. Hessen-Kassel:
Regiment Prinz Carl

219. Hessen-Kassel:
Leibinfanterie

TAFEL 36

220. Washington's Guard

221. Philadelphia Light Horse

222. 2nd Regt Light Dragoons

223. Webb's Continental Regt

224. 1st Continental Regt of Foot

225. Pulaski's Legion

226. Régiment de Gatinois

227. Régiment de Hainault

228. Régiment d'Agenois

229. Artillerie du Roi

230. Irisches Regiment Walsh

231. Régiment Royal Deux Ponts

232. Bataillonsfahne,
wallonische Regimenter

233. Bataillonsfahne, 1792—1804

234. Bataillonsfahne, 1804—1806

235. Bataillonsfahne, 1806—1816

236. Kavalleriestandarte, 1792—1804

237. Kavalleriestandarte, 1806—1816

TAFEL 39

238. 1st Royals

239. Coldstream Guards

240. de Meuron's Swiss Regiment

241. 23rd Light Dragoons

242. 1st Foot Guards, 3. Bataillon

243. King's German Legion, 5. Bataillon

TAFEL 40

244. Infanteriefahne, 1791—1794

245. Infanteriefahne, 1794—1804

246. Adler, 1804

247. Infanteriefahne, 1804

248. Infanteriefahne, 1812

249. Infanteriefahne, 1815

TAFEL 41

250. Preußen:
Infanterieregiment Nr. 3

251. Preußen: Thüring. Husarenregiment

252. Württemberg:
Dragonerregiment »König«

253. Preußen: Gardekürassiere

254. Preußen: Dragonerregiment Nr. 3

255. Hanseatische Legion

256. Gardeinfanterie, 1790

257. Linieninfanterie, 1800

258. Linieninfanterie,
St.-Georgs-Fahne, 1810

259. Dragoner, 1797

260. Kürassiere und Dragoner, 1803

261. Banner der Don-Kosaken, 1803

TAFEL 43

262. Baden: 2. Infanterieregiment

263. Bayern: Infanteriefahne, 1803

264. Braunschweig: Infanteriefahne, 1815

265. Nassau: Infanteriefahne, 1815

266. Sachsen: Infanteriefahne, 1802—1811

267. Würzburg: Infanteriefahne

268. Piemont: Régt. de Savoie

269. Cispadanische Republik:
Lombardische Legion

270. Neapel: 1. Leichtes
Infanterieregiment

271. Neapel: 7. Infanterieregiment

272. Königreich Italien:
Dragoni della Regina

273. Königreich Italien:
3. Regg'to Cacciatori a Cavallo

274. Portugal: 11. Infanterieregiment

275. Portugal: 21. Infanterieregiment

276. Portugal: 7. Jägerbataillon

277. Spanien: Bataillonsfahne,
Regiment Macarquibir

278. Spanien: Bataillonsfahne,
Regiment Irlanda

279. Spanien: Artilleriefahne

280. Polnische Legionen in Italien, 1797

281. Weichsel-Legion, 1807

282. 7. Infanterieregiment

283. 13. Infanterieregiment

284. 14. Infanterieregiment

285. 15. Lancier-Regiment

286. Frankreich: Régiment Irlandais

287. Holland: 5. Infanterieregiment

288. Schweden: Regiment Royal Swedois

289. Schweiz: 3. Helvetische Halbbrigade

290. Armee der Condé:
Grenadiers de Bourbon

291. Französische Emigranten:
Dragons d'Enghien

TAFEL 48

292. 7th Royal Fusiliers

293. 4th West India Regiment

294. »King's Colour«, 4th Foot

295. »Regimental Colour«, 4th Foot

296. »King's Colour«, Quebec Militia

297. »Regimental Colour«,
Quebec Militia

TAFEL 49

298. 2nd Regiment of Infantry

299. 4th Regiment of Infantry

300. 68th James City Light Infantry

301. 1st Harford Light Dragoons

302. New York Militia

303. 1st Regiment of Light Artillery

304. General Mirandas Fahne

305. Argentinien: General Belgranos Fahne

306. Uruguay: Artigas' Fahne

307. Fahne der Anden-Armee, 1817/18

308. Peru: General San Martins Fahne, 1820—22

309. Spanien: Löwe, 1821—24

311. José Maria Morelos' Banner

310. Miguel Hidalgos Banner

313. Texanische Fahne von 1835

312. General Iturbides Fahne

314. New Orleans Greys

315. Newport Rifles, Kentucky

316. Linieninfanterie

317. Kasaner Jäger

318. Odessa-Ulanen

319. Achtirski-Husaren

320. Banner des
Asow-Kosakenheeres

321. 1. Regiment des
Schwarzmeer-Kosakenheeres

322. Britannien:
1. Bat., Coldstream Guards

323. Britannien: 4th Dragoon Guards

324. Britannien: 55th Foot

325. Britannien: 57th Foot

326. Frankreich:
67. Infanterieregiment

327. Sardinien:
Königl. Piemont-Regiment

TAFEL 54

328. Österreich: Leibfahne 1859 (Avers)

329. Österreich: Leibfahne 1859 (Revers)

330. Herzogtum Parma:
1. Infanteriebataillon

331. Königreich Beide Sizilien:
12. Infanterieregiment

332. Kirchenstaat:
Carabinieri Pontifici

333. Kirchenstaat:
Dragoni Pontifici

TAFEL 55

334. Infanterie-Nationalfahne

335. Kavallerie-Regimentsstandarte

336. Artillerie-Regimentsstandarte

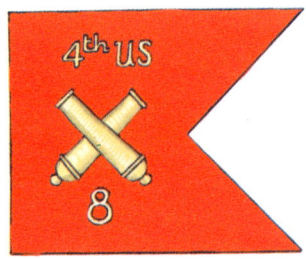

337. Artillerie-Wimpel

338. Kavallerie-Wimpel
vor 1863 und nach 1865

339. Kavallerie-Wimpel, 1863—65

340. Kommandofahne, 23. Korps

341. Kommandofahne, Potomac-Armee

342. General Sheridans Wimpel

343. General Custers Wimpel

344. 3rd Regiment New Jersey Volunteers

345. 3rd Regiment New Jersey Cavalry

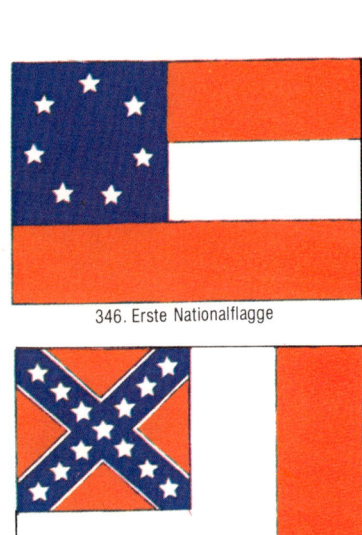

346. Erste Nationalflagge

347. Zweite Nationalflagge

348. Dritte Nationalflagge

349. Kriegsbanner

350. Kavallerie-Wimpel

351. Kavallerie-Wimpel

352. Stuart's Horse Artillery

353. Washington Artillery

354. South Carolina: Staatsflagge bis 1861

355. South Carolina: Staatsflagge nach 1861

356. North Carolina: Staatsflagge

357. Florida: Independent Blues Company

358. Texas: Staatsflagge

359. Texas: »Bonnie Blue Flag«

360. Louisiana: Staatsflagge

361. Virginia: Staatsflagge

362. Österreich:
Leibstandarte für Kavallerie

363. Preußen:
Gardegrenadier-Regiment

364. Preußen:
Bataillonsfahne, Infanterie

365. Preußen:
Kavalleriestandarte

366. Frankreich: Bretonische Matrosen

367. Frankreich: Elsässische Irreguläre

368. Deutsches Reich:
III. Seebataillon

369. Deutsches Reich:
Bayerische Infanteriefahne

370. Deutsches Reich:
91. Infanterieregiment (Oldenburgisches)

371. Rußland:
Infanterieregiment Sewski

372. Rußland:
Infanterieregiment Kostromski

373. Rußland: Ural-Kosakenheer

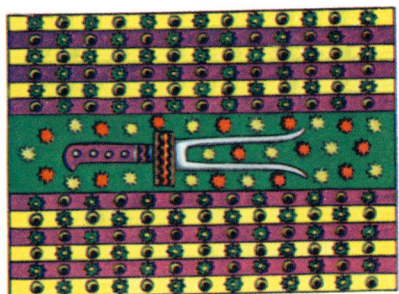

374. Fahne des Bey von Tunis

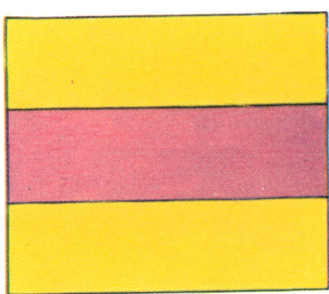

375. Tunesische Fahne

376. Chinesischer
Generalswimpel

377. Sudanesische Fahne

378. Banner des Königs
Behanzin von Dahomey

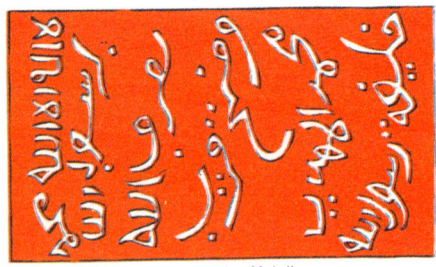

379. Fahne des Mahdi

380. Transvaal: Krügersdorp-Freikorps

381. »Queen's Colour«,
106th Bombay Light Infantry

382. »Regimental Colour«,
106th Bombay Light Infantry

383. 27th Bombay Light Infantry

384. 108th Madras Infantry

385. 2nd Punjab Infantry

386. 1st Lancers,
Hyderabad Contingent

387. Großbritannien:
73rd Highlanders

388. Großbritannien:
1. Bat., Grenadier Guards

389. Großbritannien:
27the Inniskilling Regiment

390. Großbritannien:
1. Bat., 23rd Royal Welsh Fusiliers

391. Südafrika:
Weatherley's Horse

392. Südafrika:
Uitenhage Volunteer Rifles

Beschreibung der Bildtafeln

DREISSIGJÄHRIGER KRIEG 1618—1648

1. Bayern: Tillys Dragoner

Zu Beginn des 17. Jahrhunderts herrschte der habsburgische Kaiser des Heiligen Römischen Reiches über einen als Staatsgebilde schwer faßlichen Verband mehr oder weniger unabhängiger Länder zwischen dem Rhein und Polen und von der dänischen Grenze bis zu den Vorposten der Osmanen. Damals gab es kein stehendes kaiserliches Heer, der Monarch rekrutierte seine Truppen aus den Erblanden und aus Ungarn, im übrigen war er auf die Reichsfürsten angewiesen. Daher war es nicht verwunderlich, daß Kaiser Matthias bei Kriegsausbruch Anno 1618 von Bayern und der Katholischen Liga 25 000 Mann »entlehnte«.

Das Guidon der Dragonerkompanie des berühmten Feldherrn Johann Tserclaes von Tilly ist die älteste bekannte Dragonerstandarte, die erhalten blieb. Sie wurde vor 1609 für Tillys Dragoner gefertigt, die der damalige Erzherzog Matthias aus einem 1603 aufgestellten wallonischen Fußregiment formierte. Die Truppengattung der Dragoner kam gegen Ende des 16. Jahrhunderts auf, und anfangs waren ihre Guidons verkleinerte Versionen der schwalbenschwanzförmigen Reiterfahnen jener Zeit. Später sollten sie mehr Eigenständigkeit entwickeln und folgten eher dem Vorbild der Infanteriefahnen, wie es ihnen in ihrer Funktion als berittenes Fußvolk, als »Musketiere zu Pferde« entsprach. (Deshalb waren sie auch in Kompanien statt in Schwadronen gegliedert.) Das Revers dieses Guidons zeigte das Monogramm des Erzherzogs in einem Lorbeerkranz, überhöht vom Erzherzogshut. Devise (auf dem abgebildeten Avers): SANCT MICAEL ORA PRO NO(bis).

Maße: Länge 157 cm (bis zum Spalt), Breite 78 cm.

2. Friedland: Wallensteins Leibregiment

Im Jahr 1625 stieß eine von Albrecht von Wallenstein, Herzog von Friedland, aus eigenen Mitteln aufgestellte, 40 000 Mann starke Armee zum kaiserlichen Heer, und von jenem Zeitpunkt an führte Wallenstein den Oberbefehl. Seine Truppen scheinen bereits halbwegs einheitlich bekleidet gewesen zu sein, manche Regimenter hatten Fahnen in der Farbe ihrer Röcke. So z. B. beim Regiment Berchtold von Waldsteins grün und beim Regiment Maximilian von Waldsteins gelb. Die dargestellte Fahne wurde gegen Ende der 1620er Jahre gefertigt und wird einer der Kompanien von Wallensteins Leibregiment zugeschrieben, das

1629 im kaiserlichen Regiment des Grafen Julius Hardegg aufging. Die Bordüre ist charakteristisch für die Heere Österreichs, Bayerns und Spaniens. In protestantischen Staaten kommt sie nicht vor. Die extreme Größe war noch ein Erbe der Renaissance, im Verlauf des 17. Jahrhunderts wurden die Fahnen kleiner. *Maße:* Länge 384 cm, Breite 311 cm.

3. Standarte des Erzherzogs Leopold Wilhelm

Während des Dreißigjährigen Krieges hatten Befehlshaber ihre eigenen Standarten als Kommandozeichen. Die Abbildung zeigt das wahrscheinlich berühmteste Beispiel dieses Typus, die guidon-förmige persönliche Standarte des kaiserlichen Generalissimus Erzherzog Leopold Wilhelm, am 2. November 1642 in der Schlacht bei Breitenfeld von den Schweden erbeutet. Die Reversseite trägt als Bild einen Löwen und ein Lamm zu Füßen eines Kreuzes, mit der Devise TIMORE DOMINI. (Lt. Forschungen des österreichischen Militärhistorikers Alfred Mell handelt es sich um die Standarte der Leibwache des Erzherzogs, was obigen Angaben nicht unbedingt widerspricht, denn diese Truppe war die engste Eskorte des Generalissimus, somit wird sein Signum ihrem Schutz anvertraut gewesen sein. Anm. d. Übers.).

Kaiser Ferdinand II. (1619—1637) war sehr fromm, viele Feldzeichen seiner Regierungszeit weisen sakrale Motive auf. Doch während seiner Ära wurde auch, vielleicht nach französischem Vorbild, ein System eingeführt, nach dem die 1. Kompanie eines Regiments eine weißseidene Leibfahne zu führen hatte, die Fahnen der anderen Kompanien trugen den Doppeladler mit dem Ferdinandinischen Wappen als Brustschild. Diese klare Trennung zwischen einer deutlich hervorgehobenen Obristenfahne und einem in den Grundzügen einheitlichen Muster für das Gros des Regiments bildete sich etwa im fünfzehnten Kriegsjahr aus und war zunächst auf Truppen in kaiserlichen Diensten beschränkt, wurde aber im Lauf der Zeit von den meisten beteiligten Staaten übernommen.

4. Fulda: Reiterstandarte

1631 für eine Kompanie der Reiterei des Fuldaer Abtes Johann Bernhard Schenk gefertigt und im selben Jahr bei Vacha erbeutet. Die Illustration gibt das Revers wieder. Das Blatt ist aus schwarzem Brokat, nach der äbtlichen Wappenfarbe, das Banner und der Schild der Figur des hl. Simplicius zeigen die drei Lilien des Wappens von Fulda. Auf dem Avers erscheint St. Bonifacius, der Schutzpatron der Abtei. *Maße:* Länge 58 cm, Breite 53 cm.

5. Sachsen: Regiment zu Fuß Starschädel

Diese Kompaniefahne stammt aus dem Jahr 1633, es ist ermittelt, daß zum gleichen Zeitpunkt eine weiße Obristenfahne geführt wurde.

6. Braunschweig: Reiterstandarte

1632 für das Rote Reiterregiment unter Obrist v. Mützephal gefertigt, vier Jahre später bei Gröbzig erbeutet. Die Devise ONTUNDAM EOS (Ich habe sie zerschmettert) und das »propagandistische« Bild des Herakles, der einen vielköpfigen, mit Tiara, Kardinalshut und Mitra geschmückten Drachen erschlägt, symbolisieren den Kampf des protestantischen Herzogtums gegen die Katholiken. Die Aversseite zeigt des gekrönte Monogramm FV des Herzogs Friedrich Ulrich von Braunschweig-Wolfenbüttel, der mit König Gustav Adolf verschwägert war.
Maße: Länge 56 cm, Breite 51 cm.

7. Bayern: Tillys Regiment zu Fuß

Die hl. Maria ist seit je die Patrona Bavariae und wie in den anderen katholischen Ländern zierte ihr Bild die Obristenfahne. Dargestellt ist eine Kompaniefahne von Werner von Tillys Regiment, zwischen 1620 und 1630 gefertigt und 1633 bei Rinteln von den Schweden erbeutet. Wie auf den österreichischen Fahnen rahmt eine mehrfarbige Bordüre das Blatt ein: blau-weiß für Bayern, schwarzgold für die Pfalz. Die Devise auf dem Revers lautet: DOMINA SANCTA MARIA SALVVM FAC IMPERATOREM NOSTRVM ET EXAVDI NOS IN DIE QVA INVOCAVERINIVS TE.
Maße: Länge 283 cm, Breite 259 cm.

8. Bayern: Dragonerfahne

Von den Schweden zu einem nicht näher bestimmbaren Zeitpunkt zwi-schen 1630 und 1647 erbeutet. Das Avers zeigt das Kruzifix mit der Devise: JESVUS NASARENVS REX IVDEORVM: TITVLVS TRIVMPHALIS, AB OMNIBVS ME DEFENDAT MALIS, IN HOC SIGNO VINCES.
Maße: Länge 227 cm (121 cm bis zum Spalt), Breite 111 cm.

9. Bayern: Reiterstandarte

Zwischen 1630 und 1647 entstanden, das Blatt im bayerischen Blau trägt auf dem Avers das Bild der hl. Maria Magdalena und auf dem Revers die Szene der Verkündigung aus dem Marienleben.
Maße: Länge 45 cm, Breite 52 cm.

10. Standarte des Kurfürsten von Bayern

Diese 1646 von den Schweden erbeutete Reiterstandarte Ferdinands von Bayern zeigt auf dem Revers sein Wappen als Kurfürst von Köln mit zwei Heiligen als Schildhalter.

11. Spanien: Reiterstandarte

Aus der Zeit zwischen 1630 und dem Kriegsende. Die gegengleichen Initialen CYL bedeuten »Castilia y Leon«, die Devise lautet YO LO ENTIENDO (Mir ist es offenbar). Andere spanische Standarten trugen verschiedene sakrale Motive mit sinngemäßen Wahlsprüchen, vor allem das Bild der Muttergottes.
Maße: 47 cm im Quadrat — kleiner als die meisten Reiterstandarten jener Epoche.

12. Spanien: Infanteriefahnen

Seit Karl V. wurde eines der wichtigsten Symbole des burgundischen Erbes der Habsburger, das Burgunderoder Astkreuz, zum charakteristischen Element spanischer Feldzeichen. Die Illustration veranschaulicht den zu Beginn des 17. Jahrhunderts häufigen Typus des in Streifen geteilten Blattes. Es gab auch die farblichen Varianten blau-weiß und schwarz-weiß, ebenso grün-weiß geschacht oder einfarbig weiß, in diesem Fall aber meist mit Bordüre, diese oft grün-weiß schräg gestreift.

Maße: etwa 180 cm im Quadrat.

13.—16. Schweden: Fahnen und Cornet

Über schwedische Fahnen der 1. Hälfte des 17. Jahrhunderts ist wenig bekannt und der Großteil der erhaltenen Originale des Dreißigjährigen Krieges stammt von fremden Regimentern in schwedischen Diensten. Doch die Hauptembleme auf deren Fahnen sind das schwedische Wappen (**14**) oder der königliche Namenszug (vgl. **34**), und man kann mit ziemlicher Sicherheit annehmen, daß sie auch bei den schwedischen Regimentern üblich waren. Gustav Adolfs Fußvolk scheint Fahnen in den für ihre größeren Verbände — modern ausgedrückt wären es etwa Brigaden — gewählten Farben geführt zu haben. Vermutlich gab es dabei keinerlei Parallelen zwischen ersten Ansätzen zur Uniformierung und Fahnenfarbe, wie in Wallensteins Armee. Einige dieser »Brigade«-Farben: Schwarz, Blau, Gelb (Deutsche), Grün (vor allem Schotten), Weiß und Rot.

13 zeigt eine typische Fahne der Zeit, jene von Robert Monroe's Regiment zu Fuß um 1630. Das Revers war identisch, doch statt des Schlüssels im Wappen ein gekrönter goldener steigender Löwe.

Ebenfalls mit ca. 1630 datiert und als Beispiel für die damalige Gestaltung interessant ist die Fahne von Johan Banérs Leibregiment, sie trägt einen quadrierten Schild, 1. und 4. Quartier Schweden, 2. und 3. Gotland, mit dem königlichen Hauswappen (der goldenen Weizengarbe der Vasa) als Herzschild. Dieses Regiment führte auch eine ähnliche weiße Fahne, vermutlich als »livfana«. Abweichend von der Illustration befand sich am oberen Rand in Gold die Devise DEO ET VICTRIBVS ARMIS und in den beiden unteren Ecken je eine goldene flammende Granate, sowie von links oben das Bild einer auf der Krone ruhenden Hand.

Banérs Regiment hatte außerdem ein Reiter-Cornet (**15**). GARS waren die damals üblichen Initialen des Königs — Gustavus Adolphus Rex Suediae. Und schließlich gibt eine der Fahnen von Johan Forbes' Regiment (**16**) einen Begriff von der stilistischen Vielfalt schwedischer Feldzeichen desselben Zeitraums.

17. Dänemark: Reiterstandarte

Bis 1664 war es in Dänemark Usus, daß die Fahnen oder Standarten der Unterabteilungen eines Regiments als Mittelembleme einzelne Motive des dänischen Wappens trugen, während der »Danebrog« (das weiße Kreuz im roten Feld) in der Oberecke aufschien. Die dargestellte Standarte, 1648 in Viborg für eine Kompanie der neuen jütländischen Reiterei gefertigt, zeigt den Wappenlöwen Norwegens, das damals mit Dänemark verbunden war.

Maße: Länge 65 cm, Breite 54 cm.

18. Dänemark: Regiment zu Fuß Friedrichs III.

Diese Fahne führte eine Kompanie des Regiments, das der spätere König Friedrich III. von Dänemark in seiner Position als Erzbischof von Bremen und Bischof von Werden zu einem nicht genau ermittelten Zeitpunkt zwischen 1635 und 1645 unterhielt. Die beachtliche Größe und das der Emblematik entlehnte Motiv des geharnischten Schwertarms sind typisch für die Fahnen protestantischer Länder, bis um 1635 ein Geschmackswandel einsetzte. Die Farben des Danebrog sind gewechselt, vielleicht als Kennzeichen eines jüngeren Prinzen, der Friedrich damals war. Devisen: DOMINUS PROVIDEBIT/ GUTE BEDACHTSAMBKEIT MÄNNLICHE TAPFERKEIT/GEHÖREN BEIDE ZUM STREIT. Im Mittelfeld: CUI VULT.

Maße: Länge 266 cm, Breite 207 cm.

19. Sachsen: Reiterstandarte

Das Weiterleben des ritterlichen Paniers und der ritterlichen Auffassung vom Kampf bis ins 17. Jahrhundert wird an den sächsischen Reiterstandarten jener Epoche deutlich. Auf der hier wiedergegebenen, etwa zwischen 1635 und 1645 zu datieren, ist sinnbildlich der Grundsatz ausgedrückt, daß ein Ritter seinen Gegner zu Boden zwingen, dann aber ehrenvoll behandeln sollte. Als Devise IRE SVPER SATIS EST. Zugleich ist dieses Beispiel typisch für die kleinen quadratischen oder fast quadratischen Standarten, welche während der ersten Jahrzehnte nach 1600 in Westeuropa den Typus der großen, einseitig spitzen Reiterfahnen des Mittelalters und der Renaissance zu verdrängen begannen.

Maße: Länge 53 cm, Breite 52 cm.

20. Sachsen: Regiment Franz Albrecht

Eine der Standarten des Reiterregiments, das Franz Albrecht von Sachsen-Lauenburg um 1630 aufstellte.

21.—25. Frankreich: Infanteriefahnen

Während der Glaubenskriege (1562 bis 1598) kämpften die Hugenotten unter weißen Fahnen und als Anno 1589 der protestantische Heinrich IV. als erster Bourbone den Thron Frankreichs bestieg, wurde die weiße Fahne zum wichtigsten Symbol des Königtums und seines Heeres. Das weiße Kreuz der französischen Kreuzfahrer erschien auf den Feldzeichen, seit Ludwig XI. im Jahr 1479 die ersten eigenen Soldtruppen aufgeboten hatte. Daher war es nur natürlich, daß es auch in dem neuen Heer, das Heinrich IV. 1597 schuf, indem er die Regimenter Picardie, Champagne, Navarre und Piedmont neben den Gardes Françaises zu stehenden Truppenkörpern machte, beibehalten wurde. So zeigten die Obristenfahnen dieser Regimenter ein weißes Kreuz mit goldener Lilie im weißen Feld, wobei Kreuz und Blatt kaum zu unterscheiden waren, denn sogar die Nähte waren weiß. Eliteverbände wie die Garden fügten meist noch ein besonderes Abzeichen ein. Die anderen Fahnen des Regiments — je eine pro Kompanie — hießen »drapeaux d'ordonnance« und waren einfach gestaltet: weißes Kreuz und vier Felder in der für das Regiment gewählten Farbe, wie aus den Illustrationen 21—26 ersichtlich. Bei Piedmont waren die Felder schwarz. Zu Beginn des 17. Jahrhunderts wurden weitere Formation aufgestellt, und zwar das Regiment d'Auvergne (24) von 1606, hier wurde bereits eine zweite Feldfarbe eingeführt, das Régiment de Normandie (gelbe Felder) und das Régiment de la Marine (25), seit 1627. Dieses im Grund simple und doch sehr praktische System der Signalwirkung von Fahnen blieb bis zur Französischen Revolution in Geltung.

Maße: maximal 180 cm im Quadrat.

26. Frankreich: Les Gardes Écossaises

Die Schottische Garde, 1633 für Frankreich angeworben, zeichnete sich 1643 bei Rocroi aus, wo die abgebildete Fahne ins Gefecht kam. Das Band scheint weder Devise noch Inschrift getragen zu haben.

Außer den Gardes Ecossaises gab es auch die Schottische Kompanie der Garde du Corps, sie führte unter Ludwig XIII. (1610—1643) die weiße Bourbonenstandarte. Darauf ein Greyhound zwischen Bäumen, die Devise lautete IN OMNI MODO FIDELIS.

POLENFELDZÜGE 1600—1677

27. Polnische Reiter (?)-Fahne

Die goldene Weizengarbe des Hauses Vasa auf der Brust des polnischen Silberadlers läßt diese Fahne zeitlich zwischen 1587 und 1660 einordnen. In der Form und den Maßen entspricht sie den großen Guidons, die während des 16. Jahrhunderts in Westeuropa üblich waren, doch nach 1600 durch kleinere, vielfach quadratische Fahnen ersetzt wurden, wahrscheinlich stammt das abgebildete Objekt aus jener Epoche, denn in den osteuropäischen Ländern behielt man noch das ganze 17. Jahrhundert hindurch extrem große Fahnenblätter bei. Der Rand zeigt die »gozdawa«, die polnische Doppellinie.

Maße: Länge 313 cm (176 cm bis zum Spalt), Breite 160 cm.

28. Gardetruppen des Königs von Polen

Zwischen 1632 und 1660 gefertigt, ist diese Standarte verhältnismäßig groß und die hohe Qualität der Ausführung legt die Vermutung nahe, daß sie von der Leibgarde oder einer anderen Einheit der königlichen Gardereiterei stammt. Der gespaltene Schild mit den Wappen von Schweden und Polen ist insofern interessant, als er zeigt, daß die Idee einer Verbindung beider Länder über den Tod König Sigismunds III. (1632) hinaus lebendig blieb. Dargestellt ist das Revers. Das Avers zeigt die hl. Maria mit dem Kind, auf der Mondsichel im Strahlenkranz über einem Kreuz. Die Devise ist geteilt: oben PRO GLORIA CRUCIS, unten SUB TUO PRAESIDIO.

Maße: Länge 78 cm, Breite 99 cm.

29. Polnische Reiterfahne

Eine nähere Bestimmung dieses Feldzeichens fällt schwer, da es die Form einer Standarte, aber die Dimensionen einer Infanteriefahne aufweist. Aus diesem Grund und nach der Gestaltung ist es vielleicht am besten, von einem Banner im Sinn der mittelalterlichen Traditionen zu sprechen. Das Stück wurde zwischen dem Ende des 16. Jahrhunderts und 1660 gefertigt, das Fahnenbild, ein Klauenflügel mit einem Herzen, ist vermutlich dem Wappen des Hauptmanns entnommen, der die Kompanie formierte. Somit ist das späte Beispiel eines rein heraldisch aufgefaßten Paniers gegeben. Fahnen mit gerundetem abwehendem Rand kamen im 17. Jahrhundert öfter vor und wahrscheinlich stammt diese Fahne eher aus der Zeit um 1600 als aus späteren Dezennien.

Maße: Länge 240 cm, Breite 148 cm.

30. Reiterfahne der Tartaren in polnischen Diensten

Während des Ersten Nordischen Krieges setzten die Polen tartarische Hilfstruppen ein und von diesen erbeuteten die Schweden die abgebildete Fahne. Die arabische Inschrift lautet: »Es gibt keinen Gott außer Allah und Mohammed ist sein Prophet.«

31.—34. Schweden: Fahnen und Standarten

Die dargestellten Objekte veranschaulichen deutlich, daß die 1. Hälfte des 17. Jahrhunderts für die schwedischen Feldzeichen eine Phase des Übergangs von den großen Renaissancefahnen zum Stil der reglementierten Fahnen des Barock war. Typisch für letzte Formen der Landsknechtsfahne ist jene des um 1630 in schwedischen Diensten stehenden deutschen Regiments von Liebenstein (**31**). Die Standarte des Leibregiments Magnus de la Gardie (**32**), ebenfalls um 1630 datierbar, trägt das Monogramm MDLG, sie ist vermutlich ein persönliches Feldzeichen, desgleichen scheint die Standarte von Carl Gustavs Leibregiment aus dem Jahr 1636 (**33**) ein persönliches Emblem zu zeigen. Die Reversseite dieser Standarte siehe **57**. Doch Anno 1672, zu dem Zeitpunkt von dem die »Livfana« der Deutschen Garde Carls XI. stammt (**34**), folgt die Gestaltung der schwedischen Fahnen bereits bestimmten Richtlinien. (Das erhaltene Objekt zeigt nur zwei Kronen, wie hier wiedergegeben, doch das Blatt ist nur mehr ein

Fragment. Wahrscheinlich waren in den beiden anderen Ecken auch Kronen angebracht.) Die übrigen Kompanien dieses Regiments führten das unter 75 abgebildete Fahnenmuster.

35. Rußland: Regiment des Zaren Alexis Michailowitsch

Gegen Ende der Regierungszeit Michail Fjodorowitschs (1613—1645) ersetzte bei den Reiterfahnen der Leibgarde des Zaren die quadratische Form den früheren Bannertyp. Die dargestellte Fahne wurde zwischen 1645 und 1656 gefertigt und vermutlich 1656 bei der Belagerung Rigas erbeutet. Die Reversseite zeigt das Christuskreuz. Das Bild des hl. Eustachius zu Pferd scheint 1664 auf der Fahne der 2. Kompanie des Zarenregiments auf.

36. Rußland: Zarenbanner

Die Hauptfahne eines russischen Regiments jener Zeit hieß Zarenbanner.

Das hier dargestellte wurde wohl 1654 vor Ausbruch des Krieges gemacht, am 5. Juli 1654 erbeuteten es die Polen bei Smolensk. Im darauffolgenden Jahr fiel es in Warschau den Schweden in die Hände. Die Form mit einseitiger Spitze, nach mittelalterlichem Vorbild, war in Rußland bis etwa 1700 ziemlich häufig.

Maße: Länge 485 cm (140 cm bis zur Schräge), Breite 160 cm.

37. Rußland: 12. Moskauer Strelizenregiment

Die 14 Regimenter der Moskauer Strelizen (Schützen) standen seit 1555 im Kreml, 2000 Mann bildeten die Leibwache des Zaren. Alle führten Fahnen des dargestellten Grundtypus, in den meisten Fällen ohne Embleme und mit glatter Bordüre, doch teils mit andersfarbigen quadratischen Eckfeldern.

Regiment	Blatt	Kreuz	Eckfelder	Bordüre
1.	himbeerrot	weiß	—	—
2.	grau	himbeerrot	—	gelb
3.	hellgrün	himbeerrot	—	weiß
4.	rot	gelb	gelb	weiß
5.	rot	gelb	hellblau	weiß
6.	gelb	dunkel-himbeerrot	weiß	hellgrün
7.	hellblau	gelb	gelb	schwarz
8.	orange	weiß	—	grün

38. Rußland: Fahne der Zeit 1645—1676

Typisches Beispiel für die Fahnen, wie sie die kleineren Einheiten der russischen Armee während jener Epoche führten. Die Heiligendarstellungen wechselten, ebenso die Farben. Das Revers zeigte die gleiche Bordüre, aber als Fahnenbild das russische Kreuz (Fig. 2), flankiert

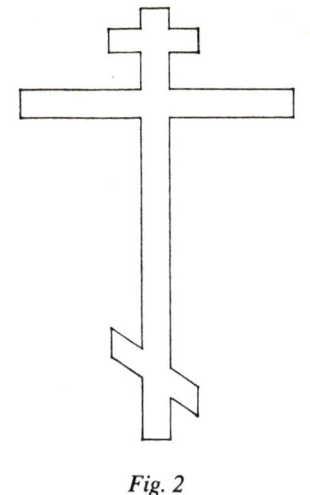

Fig. 2

von den Marterwerkzeugen, der Lanze und dem Hysopschwamm, auf fünfstufiger Basis.

Maße: etwa 150 cm im Quadrat.

Türkische Würdezeichen (nicht abgebildet)

Die Truppen des Osmanischen Reiches wurden von den Gouverneuren der einzelnen Territorien befehligt. Das Zeichen der Kommandogewalt war der Roßschweif oder »Tugh«, die Zahl zeigte den Rang an. Für den Sultan war er siebenteilig, einem Großwesir und Befehlshaber einer Armee standen vier Roßschweife zu, einem Begler-Beg, Gouverneur einer »Vilayet« (Provinz), der einfache Roßschweif. Sandschak-Begs, d. h. Gouverneure eines Provinzteils (»Sandschak«), hatten eine Fahne mit kugelförmigem Goldknauf. Die Roßschweife waren weiß, mit roten und blauen Bändern durchflochten und an roten Stangen befestigt, die statt Spitzen große Kugelknäufe trugen, nicht selten mit dem Halbmond geziert.

ENGLISCHER BÜRGERKRIEG 1642—1651

In jener Epoche gab es eine Vielzahl verschiedener Fahnen und Standarten, jede Kompanie des Fußvolks, jeder Trupp (hier etwa Schwadron) der Reiterei hatte sein eigenes Feldzeichen, wie es damals in Europa üblich war. Bereits 1622 waren in England »Regeln« für Infanteriefahnen erlassen worden und von Beginn des Bürgerkriegs an richteten sich beide Parteien nach dem System, das Regiment durch eine Grundfarbe zu kennzeichnen — die manchmal aber keineswegs immer mit der Rockfarbe übereinstimmte — und die Kompanien durch Embleme, meist dem Wappen des Obristen entnommen. Auch beanspruchten beide Seiten das St. Georgskreuz als ihr Symbol. Daher zeigten Infanteriefahnen ein Feld für England, eine Farbe für das Regiment und ein Abzeichen für die Kompanie. Diese Regelung wurde bei der Bildung der »New Model Army«, des ersten stehenden britischen Heeres, im Jahr 1645 bestätigt.

Maße: ungefähr 195 cm im Quadrat.

Bei der Reiterei stellten die Rittmeister ihre eigenen Trupps auf und wählten die Standartenbilder nach persönlichem Ermessen: heraldische Figuren und Devisen, Symbole und allegorische Motive, nicht zuletzt nach ihrer »propagandistischen« Wirkung, in der selben Art wie während des Dreißigjährigen Krieges. Nach dem ersten Kriegsjahr zeichnete sich, wie bei der Infanterie, eine gewisse Systemisierung ab. Häufig galt nun die Standartenfarbe des Obristen-Trupps auch für die anderen Trupps, doch mit wechselnden Abzeichen, die Wahl blieb allerdings noch immer weitgehend dem jeweiligen Rittmeister überlassen, deshalb gab es zwischen den Feldzeichen der einzelnen Regimenter geringe Ähnlichkeiten. Dragoner, damals noch berittene Infanterie, richteten sich nach den Regeln für die Fußtruppen, nur waren ihre Fahnen in der Form von Guidons.

39.—44. Fahnen und Standarten der Royalisten

Oberst Leveson's Regiment of Horse (**39**) führte noch zwei andere Standarten: 1) in schwarzem Feld ein goldener Strauß mit einem Schwert in natürlichen Farben im Schnabel, auf einem Spruchband stehend. Motto: HOC NUTRIOR. 2) Ein Schriftband mit den Buchstaben S.A.—S.A.

The King's Life Guard of Foot (**41**) hatte außer der abgebildeten weitere fünf Fahnen, darunter folgende: 1) im roten Feld eine rot besamte goldene Rose, von der goldenen Königskrone überhöht; 2) ebenso, zwei von

Kronen überhöhte Rosen; 3) im roten Feld ein goldener steigender Greif.

Oberst Bagott formierte ein Regiment zu Fuß (**43**) und eines zu Pferd. Dieses führte drei blaue Standarten ohne jedes Emblem oder Motto. Oberst Taylor's Regiment zu Fuß (**44**) aus Bristol hatte sechs Fahnen von denen zwei nachweisbar sind, die hier dargestellte und eine ähnliche, aber mit einem zweiten Herz.

Die persönliche Fahne des Earl of Montrose, Befehlshaber der königlichen Truppen in Schottland, zeigte im Feldzug von 1650 auf weißem Blatt einen Löwen, der zum Sprung über einen Fluß zwischen zwei Felsen ansetzt. Dazu die Devise: NIL MEDIUM. Montrose's Reiterregimenter führten schwarze Standarten mit drei Paaren gefalteter Hände die Schwerter hielten und der Devise QUOS PIETAS VIRTUS ET HONOR FECIT AMICOS. Schwarz war auch die Farbe der Fahnen seines Regiments zu Fuß, sie zeigten den abgeschnittenen Kopf König Karls I. und die Devise DEO ET VICTRIBUS ARMIS.

45.—50. Londoner Miliz

Die Obristenfahne des Tower Hamlet-Regiments (**45**) war eine Ausnahme von der vorhin erwähnten Regel, sie folgt im Stil älteren Vorbildern. Die Obristleutnantsfahne war ähnlich, trug aber in der Oberecke das St. Georgskreuz, die des Majors ebenso, dazu kam eines der Abzeichen des Regiments. Im Fall des Orange Regiments (**46**) war dies ein weißes dreiblätteriges Kleeblatt, das in entsprechender Reihung die Funktion von Kompanienummern erfüllte: für den 1. Hauptmann zwei und für den 2. Hauptmann drei Kleeblätter etc. Beim Orange Regiment scheint es nur drei Hauptleute gegeben zu haben, ihre Abzeichen waren diagonal gesetzt wie auf **48**.

Das Weiße Regiment (**47**) hatte vier Hauptleute. Die Illustration zeigt die Abzeichen — Rauten — des 1. Hauptmanns. Die Anordnung blieb auch für den 2. Hauptmann — 3 Rauten — diagonal, aber die 4 Rauten des 3. Hauptmanns bildeten ein Quadrat und für den 4. Hauptmann galt die selbe Stellung wie auf **50**. Beim Grünen und beim Blauen Regiment (**48** und **49**) standen je drei Hauptleute, ihre Abzeichen waren ebenfalls diagonal gesetzt. Desgleichen beim Gelben Regiment (**50**), nur war dort noch ein 4. Hauptmann, er führte die dargestellte Fahne.

51.—56. Standarten und Dragonerfahne der Parlamentarier

In den Aufzeichnungen sind Hunderte verschiedener Standarten aus dem Bürgerkrieg überliefert, hier können nur einige typische Beispiele herausgegriffen werden. Doch einfarbige Stücke ohne Embleme seien zumindest erwähnt. So führten etwa Sir Edward Hartham aus Leicester und die Rittmeister Berry, Thomson, Likcott, Neal und Mason rote Standarten mit rot-weißen Fransen wie bei **56**. Die Fransenfarben wechselten, weiß (Oberst Goodwin) oder rotgolden (die Rittmeister Dobbins und Gold). Alle diese Standarten waren quadratisch und beträchtlich kleiner als die Infanteriefahnen.

Aus **54** ist ersichtlich, daß die Dragoner das Infanterie-Schema übernahmen. Beim 3. Regiment galt folgende Anordnung der Abzeichen für den Major und die Hauptleute:

Die schottischen Fußtruppen auf der Seite des Parlaments hatten vielfach Kompanienummern auf den Fahnen, die alle das Andreaskreuz zeigten.

ERSTER NORDISCHER KRIEG 1655—1660

57.—58. Schweden: Fahnen und Standarten

Zu einem nicht genau bestimmbaren Zeitpunkt während der Ära König Carls X. (1654—1660) wurde die seit der zweiten Hälfte des Dreißigjährigen Krieges bestehende Tendenz, innerhalb eines Regiments eine weiße Obristenfahne und Kompaniefahnen in verschiedenen Farben zu führen, ins System gebracht. Die Obristenfahne zeigte nun das schwedische Wappen oder das königliche Monogramm, die Kompaniefahnen waren in den Wappenfarben der Provinzen gehalten, mit Fahnenbildern nach Wahl des Obristen.

57 ist eine Darstellung der mit

1658 datierten Standarte des Leibregiments Carls X. Die Averseite siehe **33**. **58** zeigt die Obristenfahne (in Guidon-Form) eines Dragonerregiments etwa der selben Zeit. Beide tragen das Monogramm des Herrschers: C.G.R.S. — Carolus Gustavus Rex Suediae.

59. Polen: Standarte König Johann Kasimirs

Während des Winters 1655/56 kehrte Johann Kasimir nach Polen zurück, um die Führung des polnischen Widerstands gegen die Schweden zu übernehmen und im Frühjahr gelang es ihm, Carl X. nach Preußen zu vertreiben. Die abgebildete Standarte wurde wahrscheinlich 1655 gefertigt und diente im Krieg 1655—1660 als Johann Kasimirs persönliches Feldzeichen. In bemerkenswerter barokker Gestaltung zeigt sie die Weizengarbe der Vasa, jener Dynastie, welcher der König entstammte.

60. Polen: Pennon der Reiterei

Von den Schweden vor dem Frie-

densschluß des Jahres 1660 erbeutet. Das Bild des geharnischten Schwertarms kam im 16. und im 17. Jahrhundert häufig auf Fahnen vor, doch in Polen war es dem Herrscher allein vorbehalten.

Maße: Länge 101 cm, Breite 55 cm.

61. Rußland: Banner aus der Zeit 1645—1676

Im Stil typisch für die Epoche des Zaren Alexis Michailowitsch (1645 bis 1676). Die Reiterfigur stellt Konstantin den Großen dar.

Maße: 150 cm im Quadrat.

62. Dänemark: Regiment Jürgen Rosenkrantz

Diese Infanteriefahne wurde anno 1657 in Hamburg für eine Kompanie des Regiments Rosenkrantz gefertigt und zeigt das Bild der Göttin Fortuna. Die Obristenfahne wäre nach der damaligen Gepflogenheit als weiß zu denken, die Fahnen der anderen Kompanien als blau mit verschiedenen allegorischen Motiven.

Maße: Länge 212 cm, Breite 207 cm.

1. EROBERUNGSKRIEG GEGEN SPANIEN UND DIE NIEDERLANDE   1667/68

63. Frankreich: Régiment du Roi

Das Regiment wurde 1665 formiert und führte von diesem Zeitpunkt bis 1669 die abgebildete »drapeau d'ordonnance« (siehe auch **118**). Sie entspricht dem bei **21—25** beschriebenen Typus, zeigt aber als Kennzeichen eines Eliteregiments die Lilien. Französische Fahnen waren an 3 Me-

ter langen Stangen befestigt, die 30 cm hohe Spitzen in Lilienform trugen. Unterhalb der Spitze war eine 235 cm lange weiße »cravate« mit Goldfransen um die Stange geschlungen. Diese Regelungen galten einheitlich für alle Infanteriefahnen bis zur Französischen Revolution.

Maße: ca. 180 cm im Quadrat.

64. Frankreich: Régiment de Carignan

Von Prinz Thomas Franz von Savoyen-Carignan aufgestellt, stand dieses Regiment anno 1667 schon seit etwa fünfundzwanzig Jahren im Dienst des Königs. 1664 wurde es zur Niederwerfung der Irokesen nach Kanada entsandt, das Kommando erhielt einer der fähigsten Offiziere, Henri de Chapelas, Sieur de Salières. Damals wurde der Regimentsname auf Carignan-Salières geändert. Die meisten Soldaten kehrten 1667 nach Frankreich zurück und wurden in das Régiment de Lorraine eingereiht, dessen Fahne wahrscheinlich die Teilung Grau (1 und 4) und Violett mit grünen Punkten (2 und 3) aufwies. Entgegen der Gepflogenheit nahm das Regiment Carignan nur die weiße Obristenfahne nach Amerika mit, doch die später dorthin verschifften Truppen führten auch ihre »drapeaux d'ordonnance«.

Maße: ca. 180 cm im Quadrat.

65.—66. Britannien: King's and Queen's Troops, Horse Guards

Die Life Guard of Horse wurde 1661 als berittene Leibwache des Königs formiert und bestand ursprüng-lich aus 3 Trupps — »His Majesty's Own«, »Queen's« und »Duke of Albemarle's«. Jeder Trupp hatte eine quadratische Standarte und ein Guidon gleicher Gestaltung, aber eben mit gerundetem und gespaltenem abwehenden Rand. Die Standarte des 3. Trupps glich jener des 1., bis auf die Unterscheidung durch eine gezackte Einfassung aus schwarzer Seidenschnur. Anno 1670 verstarb der Herzog von Albemarle, der 3. Trupp rückte zum 2., »Queen's«, auf und der bisherige 2. wurde nun zum 3., »Duke of York's«. Im Jahr 1684 führte der 3. Trupp eine Standarte und ein Guidon in Gelb, mit dem herzoglichen Namenszug und der Krone.

67.—68. Schweden: Reiterei

Abgebildet sind die Standarte des Reiterregiments Viborg (**68**) mit der Jahreszahl 1665 und die Fahne eines Dragonerregiments im Stil jener Zeit. Beide tragen den Namenszug Carls XI. (1660—1697). Das Reiterregiment Viborg führte auch eine, von 1666 datierte grüne Standarte mit dem Bild eines angreifenden Geharnischten auf einem Grauschimmel und Devisen in deutscher Sprache.

2. EROBERUNGSKRIEG GEGEN DIE NIEDERLANDE UND SCHONISCHER KRIEG 1672—1679

69. Frankreich: Colonel-Général des Dragons

Anno 1668 wurde Lauzun als Colonel-Général (General-Obrist, nicht zu verwechseln mit dem späteren Rang des Generalobersten) zum Befehlshaber des Dragonerkorps ernannt. Sein persönliches Feldzeichen

und das des Verbandes war ein weißes Guidon mit dem königlichen Namenszug in den Ecken, s. Abb., es wurde von der 1. Kompanie seines Regiments geführt. Die anderen Kompanien hatten farbige Guidons wie hier
dargestellt. Die »Cravate« glich jener
der Infanterie, war aber kürzer, die
Stange hatte eine einfache Lanzenspitze.

und Royal Lorraine hatten identische
Reversseiten, doch auf dem Avers befand sich das Wappen der betreffenden Provinz, überhöht von der Königskrone. Die Farbe Weiß erscheint
nur bei den Standarten zweier Regimenter: Chartres, Avers karminrot
mit Semée goldener Lilien und in der
Mitte das Wappen von Orléans, Revers weiß mit Semée des Wappens

Fig. 3

70. Frankreich: Dragons d'Orléans

Von 1635 an führte die französische
Reiterei folgende Standarten: das
Regiment des Colonel-Général in
Weiß mit goldenem Standartenbild
wie Fig. 3, auf der Reversseite die
Keule und das Löwenfell des Herku-
les mit der Devise INFRACTU
FRANGIT. Eine zweite, gleichartige,
aber mit rotem Blatt. Die Königs-Re-
gimenter blaue Standarten, ebenfalls
wie Fig. 3, das Revers mit einem
Semée goldener Lilien. Die Regimen-
ter Royal Navarre, Royal Normandie,
Royal Champagne, Royal Picardie

von Orléans. Und Bourgogne, Avers
blau mit je einer goldenen Lilie in
den Ecken, in der Mitte ein aus den
Flammen sich erhebender Phönix,
Revers weiß mit rotem Burgunderkreuz. Dragoner-Guidons entsprachen diesem Grundtypus, wie hier
am Beispiel der Dragons d'Orléans
gezeigt.

71. Frankreich: Cent-Suisses
de la Garde

Die Cent-Suisses (Schweizer-Hun-
dertschaft) wurden von König Karl
VIII. im Jahr 1496 aufgestellt und

waren der erste stehende schweizer Truppenkörper außerhalb der Heimat. Die abgebildete Fahne wurde 1616 übergeben und bis 1669 geführt. Bei der späteren Version standen die Worte EA EST auf den Querbalken des Kreuzes und GENTIS auf dem unteren Balken, in der Mitte war ein Wappen aufgelegt, im 1. und 4. Quartier war der Namenszug durch einen goldenen Stab ersetzt, mit den Zeptern durch ein rotes Band verbunden und von goldenen Lilien umgeben.

72. Frankreich: Régiment de la Couronne

Auf den Fahnen und Standarten der französischen Armee gab es vor der Revolution keine Schlachtennamen im Sinn der britischen »Battle Honours« — bis auf eine einzige Ausnahme: eine lateinische Inschrift auf den Fahnen des Régiment de la Couronne, das 1643 als Régiment d'Artois formiert wurde und in Würdigung seiner Tapferkeit bei der Belagerung Maastrichts im Jahr 1673 von Ludwig XIV. den neuen Ehrennamen erhielt, zugleich mit dem Privileg eines Königsregiments (blaues Fahnenblatt) und dem Recht, auf der Fahne eine Krone zu führen. Die Inschrift HANC CORONAM MASTREKA DEDIT (Diese Krone wurde bei Maastricht erworben) erscheint auf den Regimentsfahnen von 1747, ob sie bereits früher angebracht wurde, ist nicht bekannt. Die Krone hingegen zeigen schon die 1673 dem Regiment übergebenen neuen Fahnen.

Maße: maximal 180 cm im Quadrat.

73. Französische oder bayerische Infanteriefahne

Von den Schweden vor dem Friedensschluß von 1679 erbeutet. Die Herkunft konnte nicht eindeutig geklärt werden, denn das Wappen in den unteren Ecken wurde von dreißig europäischen Geschlechtern geführt, die Farbkombination Blau-Weiß war nicht nur in Bayern, sondern auch in Frankreich gebräuchlich. Das Emblem des aus Gewölk herabstoßenden Schwertes verwendete Heinrich IV. von Frankreich (gest. 1610), doch kam es während des 17. Jahrhunderts auch in vielen anderen Ländern vor. Bloß die Tatsache, daß die Gestaltung vom damals üblichen Stil französischer Feldzeichen abweicht, führt zu der Vermutung, daß diese Fahne aus Bayern stammen könnte.

Maße: Länge 203 cm, Breite 167 cm.

74. Britannien: King's Own Royal Regiment of Dragoons

Dieses Regiment unter dem Kommando von John Churchill nahm am 4. Oktober 1674 an der Schlacht bei Enzheim teil. Die Standarten waren karminrot mit folgenden Bildern: Obrist: gekrönter königlicher Namenszug; Obristleutnant: wie abgebildet; 1. Trupp: gekröntes Becken eines Leuchtfeuers in Gold, Flammen in natürlichen Farben; 2. Trupp: zwei schräg gekreuzte Straußenfedern und Krone in Silber; 3. Trupp: Rose und Granatapfel an einem

Stengel, dieser und die Blätter grün;
4. Trupp: Phönix aus den Flammen.
Maße: (vermutlich) Länge 75 cm,
Breite 67,5 cm.

75. Schweden: Deutsche Garde
Seiner Majestät

Regimentsfahne, »örigfana«, aus dem
Jahr 1672. Die Leibfahne, »Livfana«
der Deutschen Garde zu jenem Zeitpunkt siehe **34.** Bemerkenswert der
Namenszug, das gegengleiche C, das
Carl XI. nun statt des früher üblichen CRS gewählt hatte.

76. Schweden: Infanterieregiment
Augusts von Sachsen-Halle

Wahrscheinlich die Obristenfahne
von 1678. Beim Original (in Kopen-
hagen) fehlt der abwehende Teil und
das Motto DEO REGI ET GREGI
ist eine Ergänzung auf Grund der
erhaltenen Worte ET GREGI. Fahnen dieses Typus führten schwedische Regimenter seit Beginn des
17. Jahrhunderts.

77. Dänemark: Leibgarde des Königs

Die Dänische Leibgarde wurde von
Friedrich III. anno 1658 als Reiterregiment aufgestellt und 1684 in ein
Regiment zu Fuß umgewandelt. Sie
kämpfte im englischen Sold auf der
Seite Wilhelms von Oranien gegen
Jakob II. (Pfälzischer Erbfolgekrieg,
1692) und später unter Marlborough
im Spanischen Erbfolgekrieg 1701
bis 1713. Das Blatt der Obristenfahne bestand aus weißer Seide.

78. Straßburg: Berittene Bürger-
kompanie

Straßburg blieb im Niederländischen
Krieg neutral, wurde aber im September 1674 von den Verbündeten
besetzt und war während der nächsten drei Jahre Schauplatz erbitterter
Kämpfe. Die Abbildung zeigt die
Standarte einer Bürgerkompanie aus
der Zeit zwischen 1665 bis 1681, als
Ludwig XIV. die Stadt annektierte.

79. Brandenburg: Reiterregiment des
Herzogs Ernst Bogislav von Croy

Diese Standarte wurde vermutlich
1677 für Croys Reiterregiment gefertigt, das Obrist von Hülsen kommandierte. Im folgenden Jahr von
den Schweden auf der Insel Rügen
erbeutet. Den Flammenzungen sind
die Wappen des Kurfürsten Friedrich Wilhelm von Brandenburg aufgelegt. Von rechts oben — 1) Brandenburg: roter Adler in silbernem
Feld; 2) Jülich: schwarzer Löwe in
goldenem Feld; 3) Cleve: acht goldene Lilienstengel und silberner Schild
in rotem Feld; 4) Preußen: schwarzer
Adler in silbernem Feld; 5) Kurfür-
stenwürde: goldenes Zepter in blauem Feld, von goldenem Kurhut überhöht; 6) Berg: roter Löwe in goldenem Feld; 7) Stettin: roter Löwe in
blauem Feld; 8) Pommern: roter
Löwe in silbernem Feld; 9) Hohen-
zollern: schwarz und silbern quadrierter Schild. Die beiden an den
Rand gestellten Wilden Männer waren die Schildhalter des kurbranden-
burgischen Wappens.
Maße: Länge 55 cm, Breite 53 cm.

80. Brandenburg: Simon von Bolseys Marineinfanterie

Diese Hauptmannsfahne wurde 1675 in den Niederlanden für eine dort rekrutierte Kompanie von Bolseys Marineinfanterie gefertigt. Auch zwei andere Kompaniefahnen und eine weiße Obristenfahne jenes Regiments blieben erhalten, sie entsprechen im Stil dem dargestellten Muster. Zepter und Kurhut waren die Symbole des Kurfürsten von Brandenburg, während die Orangenzweige (Oranje!) auf das Land hinweisen, in dem die Soldaten angeworben wurden.

Maße: Länge 203 cm, Breite 205 cm.

PFÄLZISCHER ERBFOLGEKRIEG 1688—1697

81. Schweden: Leibgarde Seiner Majestät

Obristenstandarte aus dem Jahr 1686 mit königlichem Namenszug, Krone und Löwen, wie bei den Gardefahnen seit mindestens 1672 üblich (siehe **34**). Das Semée kleinerer Kronen mag auf die Stellung als Elite hinweisen. Da es sich belegbar um keine Fahne sondern eine Standarte handelt, ist daraus zu schließen, daß während des letzten Jahrhundertviertels die Reiterei dem Infanteriemuster folgte.

82. Schweden: Västmanland-Kompanie des Leibregiments

Königsstandarte der genannten Kompanie im »Livregemente« Carls XI., 1686. Die Reversseite zeigt analoge Randstickerei, aber die gekrönte gegengleiche Initiale C, flankiert von Palmzweigen.

83.—84. Schweden: Deutsches Leibregiment Seiner Majestät

»Livfana« (**83**) und »örigfana« (**84**) des »Tyska Livregemente«, 1686. Damals scheint es Usus gewesen zu sein, auf den Fahnen beide Versionen des königlichen Namenszuges (»CRS« oder gegengleiches »C«) zu führen.

85. Schweden: Reiterregiment Västergötland

Standarte, ebenfalls aus dem Jahr 1686. Das Regiment hatte eine zweite Standarte, bei der das gleiche schräglinks geteilte Blatt einen geteilten steigenden Löwen in gestürzten Farben zeigte, flankiert von je einem goldenen sechszackigen Stern auf der Teilung. Andere Schwadronen führten Standarten mit dem gleichen Bild, aber auf gold-schwarz schräggeviertetem Blatt. Das Reiterregiment Östergötland hatte eine ähnliche Standarte wie **85**, doch war das Blatt zur Gänze schwarz, und eine zweite mit einem goldenen steigenden Greif, auch im schwarzen Feld.

86. Schweden: Infanterieregiment Närke-Värmland

Fahne aus dem Jahr 1686. Das Infanterieregiment Östgöta führte eine in den Farben und der Gestaltung ähnliche, aber an Stelle der gekreuzten Pfeile und der Rosen einen gekrönten goldenen steigenden Greif.

87. Frankreich: Régiment de Bourgogne

Dieses Regiment wurde 1667 aufgestellt, folgte aber nicht dem Schema, sondern führte das Burgunderkreuz auf weißem Lilienbannerfeld. Auch das 1674 formierte Régiment Royal Comtois wies die gleiche Abweichung auf, nur war das Blatt selbst orangegelb.

Maße: maximal 180 cm im Quadrat.

88. Frankreich: Régiment de Bretagne

Obristenfahne gemäß dem Grundtypus für Infanterie, doch in der Mitte das Hermelinwappen der Bretagne. Die Kompaniefahnen waren geviertet: schwarz (1 und 4) und orange (2 und 3). Möglicherweise stand die Devise je Wort auf den Kreuzbalken verteilt.

Maße: maximal 180 cm im Quadrat.

89. Frankreich: Les Gardes Suisses

Als Ergänzung zu den Cent-Suisses stellte Ludwig XIII. anno 1616 die Gardes Suisses in Regimentsstärke auf. Unsere Illustration zeigt die Obristenfahne. Auf den drapeaux d'ordonnance waren die Strahlen abwechselnd rot und gelb. Fahnen dieses Stils führte die Schweizergarde der französischen Könige bis zu den dramatischen Ereignissen des Jahres 1792.

Maße: ca. 180 cm im Quadrat.

90.—92. Irische Regimenter in französischen Diensten

Als Jakob II. nach der Schlacht bei Boyne (1690) nach Frankreich flüchtete, folgten ihm die loyal gebliebenen irischen Regimenter. Sie wurden unter den Obristen Bulkeley, Clare, Dillon, Fitzjames und Roth, deren Namen sie führten, in französischen Diensten neu formiert.

Die Fahnen der Regimenter Clare und Dillon ähnelten denen des Regiments Bulkeley (**91**), doch waren die 1. und 4. Quartiere für Clare gelb und für Dillon schwarz, die 2. und 3. Quartiere blieben rot. Die Iren richteten sich nach dem allgemeinen Muster für die französische Infanterie, aber mit gewissen Besonderheiten: rotes statt weißes Kreuz und nationale Embleme wie der Löwe von England (**90**) oder die Harfe Irlands (**91**). 1698 wurde unter dem Kommando von Fitzjames auch ein irisches Reiterregiment aufgestellt. Es führte eine Standarte üblicher französischer Art. (Siehe **70**).

Maße: (Infanterie) ca. 180 cm im Quadrat.

93.—94. Frankreich: Infanteriefahnen

Das bereits 1616 aufgestellte Régiment de Poitou hatte eine sehr einfache Fahne nach den geltenden Regeln. Das erst seit 1691 existierende Régiment de Chartres mußte sich eine damals neue aber nicht komplizierte Teilung wählen: vier rote Quartiere mit blauer Bordüre und durchlaufendem weißem Kreuz.

Maße: maximal 180 cm im Quadrat.

95. Holland: Regiment Gustav Mauritz Lewenhaupt

Kompaniefahne dieses schwedischen Regiments, das 1688 in holländischen Diensten stand. Die Obristenfahne entsprach wahrscheinlich der Illustration **83**. Beispiel für den Stil schwedischer Fahnen zu Ende des 17. Jahrhunderts, hier ohne jedes Sonderabzeichen für die Verwendung in fremdem Sold.

96. Holland: Infanteriefahne

Die gezeigte Kompaniefahne eines Infanterieregiments der Grafschaft Holland (Halbinsel Schelde-Rotterdam-Amsterdam) wurde 1690 in der Schlacht bei Fleurus von den Franzosen erbeutet. In der Oberecke das alte Wappen Hollands, ein roter Löwe im goldenen Feld. Ob Regimenter aus den anderen Grafschaften damals gleichartige Fahnen mit dem jeweiligen Wappen führten, ist ungewiß aber sehr wahrscheinlich.

97. Savoyen: Reggimento la Marina

Kompaniefahne mit dem savoyischen Adler samt dem Wappen als Brustschild. Fahnen ähnlichen Stils führte des Regiment noch im Zeitraum 1773—93, doch statt des Wappens von Savoyen zwei golden gebundene gekreuzte schwarze Anker im weißen Feld. Die Obristenfahne trug einen quadrierten Schild: 1 und 4 Savoyen, 2 und 3 schwarzer Anker im weißen Feld.

98. Kurpfalz: Leibregiment

Im Stil für den deutschen Raum ungewöhnlich. 1703 Kriegsbeute der Franzosen.

99.—101. Britannien: Gardeinfanterie

Neue, im Stil von den bisher geführten abweichende Fahnen wurden den Garderegimentern zu Fuß 1685 zur Krönung Jakobs II. übergeben. Die Fahne der »King's Own Company, 1st Foot Guards« (später Grenadier Guards) zeigte auf karminrotem Blatt den goldgestickten gekrönten königlichen Namenszug JR. Die Obristenfahne war einfarbig karminrot, die des Obristleutnants und aller anderen Ränge weiß mit durchlaufendem St. Georgskreuz. Für Obristleutnant mit goldener Krone in der Mitte, für Major analog, aber dazu die gewellte Spitze (»pile wavy«) in der Oberecke. Die Fahne des 1. Hauptmanns siehe Abb. **100**, beim 2. Hauptmann waren es zwei gekrönte Namenszüge usw. bis zum 20. Hauptmann mit einem Semée von zwanzig gekrönten Namenszügen!

Im Coldstream Regiment war die Obristenfahne weiß, die anderen elf Fahnen ebenso, doch mit St. Georgskreuz. Die Majorsfahne zeigte außerdem die gewellte Spitze. Die Hauptmannsfahnen trugen die Kompanienummern I (siehe **99**) bis IX.

Die Obristenfahne der Scots Guards war ebenfalls weiß, vom Obristleutnant abwärts war das

Blatt blau mit weißem Andreaskreuz, auch hier war der Major durch die gewellte Spitze in der Oberecke gekennzeichnet. **101** stellt die Fahne des 1. Hauptmanns dar, vermutlich galt die gleiche Numerierung wie beim Coldstream Regiment.

Maße: damals noch nicht offiziell festgelegt, wahrscheinlich Länge 247,5 cm, Breite 225 cm.

102. Britannien: The Horse Guards

Wie bei **65—66** erläutert, führte jeder Trupp eine Standarte und ein Guidon. Von 1685 an waren die des 1st (King's) Troop identisch mit der als **102** gezeigten Standarte des 2nd (Queen's) Troop, nur fehlten die Engel als Kronenhalter. 3rd Troop gleiche Gestaltung, aber gelb mit Silberornamenten, 4th Troop blau mit Goldornamenten, bis auf das Spruchband. Dieses war silbern.

Maße: (Standarten) Länge 75 cm, Breite 71 cm.

103. Britannien: Royal Regiment of Horse

Als alte Reiterformation hatte das Royal Regiment of Horse das Privileg

einer Königsstandarte, geführt vom 1. Trupp. Sie war karminrot, in der Mitte der gekrönte Namenszug, oberhalb der Krone ein silbernes Spruchband mit der Devise DIEU ET MON DROIT. Unterhalb der Initialen kleine Kronen wie bei **102**. Rotgoldene Fransen. Abgebildet ist die Obristenstandarte. Die des Obristleutnants zeigte eine Rose, die anderen Offiziere hatten in der Rangfolge eine goldene Distel, eine goldene Lilie, eine goldene Harfe mit silbernen Saiten, eine goldene Eiche, ein goldenes Fallgatter und das Insignium des Hosenbandordens.

Maße: Länge 75 cm, Breite 71 cm.

104. Britannien: Earl of Shrewsbury's Regiment of Horse

Obristenstandarte dieses Regiments, der späteren 5th Dragoon Guards, wie seit 1687 geführt. Die beiden anderen Trupps hatten Standarten in »buff« (eine speziell britische Abzeichenfarbe, etwa in der Tönung lohgegerbten Leders, in diesem Fall wahrscheinlich mit starkem Gelbstich), ohne Emblem.

Maße: Länge 75 cm, Breite 71 cm.

GROSSER NORDISCHER KRIEG   1700—1721

105. Rußland: Boris Scheremetschews Reiterregiment

Standarte einer Kompanie des Landadelsaufgebots unter General Scheremetschew. Im Jahr 1700 bei Narwa von den Schweden erbeutet.

Maße: Länge 135 cm, Breite 132 cm.

106. Rußland: Alexis Obutschows Infanterieregiment

Zar Peter der Große befürchtete, daß die Strelizen, die 1682 bereits einen Aufstand entfesselt hatten, zu mächtig würden. Im Jahr 1698 begann er das Korps durch Deportationen und kraße Dezimierung aufzulösen. Doch 1702 zwang ihn der Bedarf an Soldaten, auf die Reste der Truppen zurückzugreifen, sie wurden in 4 Regimentern neu formiert, eines davon führte Obutschow. Die abgebildete Fahne wurde 1691 für eine Kompanie dieses Regiments gefertigt.

Maße: Länge 261 cm, Breite 251 cm.

107.—108. Rußland: Leibgarderegiment Preobraschenski

Gegen Ende des 17. Jahrhunderts führte Peter der Große nach dem Vorbild Westeuropas, wo solche Bestimmungen bereits allgemein üblich waren, bei der russischen Armee ein System für Feldzeichen ein. Gemäß dieser Regelung erhielt das Leibgarderegiment Preobraschenski anno 1700 eine weiße oder Obristenfahne (**107**) und 15 farbige Kompaniefahnen (**108**). Bei anderen Regimentern waren die Obristenfahnen auch stets weiß und die Kompaniefahnen in der Regimentsfarbe. Außerdem gab es bei Preobraschenski eine Kennzeichnung durch Sterne: 2. Kompanie — 1

Stern, 3. Kompanie — 2 Sterne usw. Somit zeigt **108** die Fahne der 4. Kompanie. Im Mittelemblem das »Auge der Vorsehung« welche das Schwert lenkt.

109. Sachsen: Dragonerfahne

In Guidon-Form, um 1700 aus Seidendamast gefertigt und im Verlauf des Krieges von den Schweden erbeutet. Das Fahnenbild blieb seit dem Dreißigjährigen Krieg praktisch unverändert. Devise:»FIDELITAS RARUM QUID« — Treue ist selten.

Maße: Länge 163 cm (75 cm bis zum Spalt), Breite 100 cm.

110. Schweden: Artilleriefahne

Diese Fahne stammt aus dem Jahr 1716. Artilleriefeldzeichen scheinen nicht vom Mann getragen, sondern auf einem Paukenwagen mitgeführt worden zu sein. Bei der schwedischen Infanterie hatte weiterhin jede Kompanie ihre Fahne, doch 1731 wurde die Gesamtzahl auf zwei Fahnen pro Bataillon beschränkt.

SPANISCHER ERBFOLGEKRIEG 1701—1713

111. Britannien: 12th Regiment of Foot

Zwischen der Restauration der Monarchie im Jahr 1660 und der ersten offiziellen Regelung von 1743 bildeten sich bei den britischen Fahnen gewisse gemeinsame Charakteristika heraus: das durchlaufende St. Georgskreuz auf farbigem Blatt

mit regimentsweise verschiedenen Emblemen — meist dem Wappen des betr. Obristen entnommen. Die einfarbige Obristenfahne des Duke of Norfolk's Regiment (12th Foot), um 1686, ist typisch für die Obristenfahnen jener Epoche. Die Kompaniefahnen des Regiments waren ebenfalls rot, mit weiß gerandetem St. Georgskreuz. Bei der Majorsfahne befand sich in der Oberecke die weiße gewellte Spitze (»pile wavy«). Die 1. Hauptmannsfahne trug in der Mitte ein silbernes Wiederkreuz mit Steckfuß. Auf den übrigen Hauptmannsfahnen dienten vermutlich mehrere Wiederkreuze oder die Kompanienummer zur Kennzeichnung.

Maße: wahrscheinlich Länge 247,5 cm, Breite 225 cm.

112. Britannien: 1st Royal Regiment of Foot

Obristleutnantsfahne des Regiments, ca. 1686. Die Obristenfahne war weiß, mit dem gleichen Emblem in der Mitte. Die Majorsfahne entsprach der Illustration, aber mit der gewellten Spitze in der Oberecke. Bei der Fahne des 1. Hauptmanns erschien oberhalb des Emblems die Ziffer I, was darauf schließen läßt, daß Kompanienummern systemisiert waren.

Maße: wahrscheinlich Länge 247,5 cm, Breite 225 cm.

113. Britannien: Princess Ann of Denmark's Regiment

Majorsfahne, etwa 1687. Auch hier ist das dargelegte System erkennbar. Die Obristenfahne zeigte den gekrönten Namenszug auf einfarbigem rosenroten Blatt. Vom Obristleutnant abwärts das St. Georgskreuz, für Major mit gewellter Spitze und für Hauptleute mit Kompanienummer in der Oberecke.

Maße: wahrscheinlich Länge 247,5 cm, Breite 225 cm.

114. Britannien: 10th Regiment of Foot

Obristenfahne von Grove's Regiment, später 10th Foot, 1715. Die Vereinigung mit Schottland im Jahr 1707 dokumentierte sich auch deutlich auf den Fahnen der Britischen Armee, von da an war der Oberecke der Obristenfahne der »Great Union« eingefügt. Die Zahl der Fahnen pro Regiment wurde auf drei beschränkt, die 2. oder Obristleutnantsfahne zeigte den über das ganze Blatt reichenden Great Union. Ebenso wurden die eigenständig schottisch gestalteten Fahnen der Scots Guards (**101**), des 1st Royal Regiment (**112**) und der North British Fusiliers abgelegt, diese Truppenteile führten nun neue Fahnen englischen Musters.

Maße: wahrscheinlich Länge 247,5 cm, Breite 225 cm.

115. Britannien: 3rd Regiment of Foot

Die 2. oder »Union Colour« aus dem Jahr 1709. Der Namenszug WM stammt noch aus der Regierungszeit Wilhelms III. und Marys (1689 bis 1702) und zeigt, daß die Fahne verändert wurde, um nach der Vereinigung von 1707 das schottische Andreaskreuz einzufügen. Diese Fahne erbeuteten die Franzosen 1709 bei Malplaquet.

Maße: wahrscheinlich Länge 247,5 cm, Breite 225 cm.

116. Britannien: Royal Regiment of Dragoons

1. Hauptmanns-Guidon, ab 1687 geführt. Das Regiment umfaßte 8 Trupps, jeder davon hatte ein Gui-

don. Das des Obristen war karminrot mit dem goldgestickten gekrönten Namenszug des verstorbenen Königs Charles II., einem gegengleich verschlungenen C. Das Obristleutnants-Guidon zeigte ein goldenes Glevenrad. Die Hauptleute hatten folgende Motive: 1.: siehe Illustration; 2.: Rose und Granatapfel mit grünem Stengel und grünen Blättern; 3.: Sonnenstrahlen aus Gewölk; 4.: Becken eines Leuchtfeuers mit Flammen; 5.: schreitender herschauender schwarz, gelb und rot gefleckter Leopard, feuerspeiend, auf grünem Berg; 6.: Phönix im Feuer. Jeweils von goldener Krone überhöht. *Maße:* wahrscheinlich Länge 102,5 cm, Breite 67,5 cm.

117.—122. Frankreich: Fahnen und Standarten

Mit Ausnahme der Fahne des Régiment du Roi wurden alle diese Feldzeichen den Franzosen 1704 in der Schlacht bei Blenheim abgenommen. Das Régiment de Carmen (**120**) führte eine typische Kavalleriestandarte der Zeit, praktisch seit einem halben Jahrhundert unverändert. Andere Reiterstandarten entsprachen annähernd dem selben Typus, manche mit Spruchbändern oberhalb der Sonne oder mit reicher verziertem Rand, aber immer mit vier Lilien in den Ecken. Das Guidon der Dragons de la Reine (**119**) scheint ebenfalls den damaligen Grundtypus — für Dragoner — zu repräsentieren, mit möglichen Varianten wie dem Wappen des Obristen oder der Herkunftsprovinz der Truppe. Desgleichen

sind die Infanteriefahnen, hier Régiment de Laffey (**121**) und Régiment de Tiange (**122**), für die Epoche charakteristisch, sie entsprechen dem bereits in früheren Abschnitten kommentierten Stil. Die Fahne des Régiment du Roi (**118**) ersetzte eine ältere (siehe **63**). Die abgebildete Ausführung behielt das Regiment von 1670 bis 1789 bei.

123.—124. Spanien: Infanteriefahnen

Mit einer Verfügung aus dem Jahr 1707 erstellte die spanische Armee ein System für Fahnen, das sich dann fast in ganz Europa einbürgerte. Demnach hatte jedes Regiment eine Leib-(Königs-) oder Obristenfahne und mehrere Regimentsfähnen. Bei der spanischen Infanterie gab es 3 Fahnen pro Bataillon und das 1. Bataillon führte die Leibfahne. Diese war für alle Regimenter einheitlich (**123**). Das Blatt der Regimentsfahnen zeigte die Abzeichenfarbe der Truppe oder die wichtigste Wappenfarbe der Heimatstadt- oder -provinz. In der Mitte stand die Regimentsbezeichnung und ein Emblem, gewöhnlich das Stadt- oder Provinzwappen. **124** illustriert eine Sonderform, die Fahne des irischen Regiments Waterford. Alle vier irischen Regimenter in spanischen Diensten führten 1709 ihr nationales Symbol, die Harfe. Die Leibfahnen hingegen entsprachen dem normierten spanischen Muster.

125.—126. Bayern: Fahne und Standarte

Zwei Beutestücke aus der Schlacht von Blenheim. Die Reiterstandarte

(126) zeigt die bayerischen Wappenfarben weiß-blau in geometrischer Gestaltung. Bei der Infanteriefahne **(125)**, in diesem Fall vom Regiment des Obristen d'Amigni, ist das Rautenbanner, der »Wecken«, etwas abgewandelt, eine formale Lösung, die für die bayerische Infanterie während der nächsten hundert Jahre gültig blieb.

127. Würzburg: Reiterstandarte
Vom Reichskontingent des Fürstbistums zwischen 1699 und 1719.

128. Preußen: Infanteriefahne

Um 1700. Damals führten preußische Infanterieregimenter 1 Leibfahne und je Kompanie 1 »Regimentsfahne«. Dieser Stil bestimmte im weiteren Verlauf der Geschichte Preußens das Aussehen der Feldzeichen, wobei sich Veränderungen vor allem durch die wechselnde Gestaltung des Adlers im Mittelfeld und durch die Teilung des Blattes in Kreuze und Eckkeile ergaben.

Maße: Länge 140 cm, Breite 120 cm.

POLNISCHER ERBFOLGEKRIEG   1733—1735

129.—130. Rußland: Fahnen und Standarten
Unter Katharina I. erhielt im Jahr 1727 jedes Infanterieregiment 1 Obristen- und 6 Kompaniefahnen, jedes Dragonerregiment 1 Obristen- und 8 Schwadronsstandarten. **129** zeigt das Muster für Obristenfahnen und -standarten, Fig. 4 stellt das Kompanie- bzw. Schwadronsmuster dar. Das Blatt der Kompaniefahnen und Schwadronsstandarten war in der Abzeichenfarbe des Regiments. Einige Beispiele:

INFANTERIE

Blatt	Bordüre	Regimenter
rot	gelb	Bjelgorodski, Vyborgski
grün	gelb	Narwski, Newski
grün	hellblau	Troitzki, Wologodski
gelb	rot	Lefort, Butyrski, Sibirski, Smolenski, Woroneschki, Riasanski, Rostowski, Permski

DRAGONER

Blatt	Bordüre	Regimenter
gelb	grün	Jamburg
grün	rot	Narwski, Olonetzki, Nowotroitzki
rot	weiß	Jaroslawski
gelb	rot u. grün	Kasanski, Wiatski, Smolenski

112

Anno 1731 wurde den Kürassierregimentern je 1 Obristenstandarte und je 1 pro Schwadron übergeben. Die Schwadronsstandarte ist auf **130** abgebildet, die Obristenstandarte entsprach diesem Muster, aber mit dem üblichen weißen Blatt.

Fig. 4

Maße: Infanterie Länge 190 cm, Breite 162,5 cm; Dragoner Länge 145 cm, Breite 100 cm. Standarten der Schlachtenkavallerie waren quadratisch und viel kleiner.

131. Frankreich: Cuirassiers du Roi
Diese Standarte führten die Cuirassiers du Roi um 1735, sie richtete sich im Stil ungefähr nach dem Vorbild des ein Jahrhundert früher aufgekommenen Typus, siehe **70**.

132. Österreich: Husarenstandarte
Etwa aus der Zeit von 1720. Interessantes Beispiel für eine ungewöhnliche orientalisierende Gestaltung der Guidon-Form.

133. Sachsen: Reiterstandarte
Leibstandarte für sächsische Kavallerieregimenter, 1734 eingeführt und bis 1810 beibehalten.

134. Spanien: Reiterstandarte
Gemäß einem Dekret aus dem Jahr 1728 sollte jede Kavallerieschwadron einschl. der Husaren eine rote Standarte führen. Dargestellt ist die Aversseite, das Revers zeigte Trophäen und die Regimentsnummer. Dieser Typus blieb während des ganzen 18. Jahrhunderts und der Napoleonkriege gültig. Artillerie-Feldzeichen der Epoche siehe **279**.

ÖSTERREICHISCHER ERBFOLGEKRIEG   1740—1748

**135.—137. Spanien: Infanterie-
fahnen**
Die Obristenfahne des Regiments de Badajoz (**135**) veranschaulicht im Vergleich mit dem Muster von 1707 (**123**) den Übergang zu einer betont barokken Heraldik des Fahnenbildes. Im Jahr 1728 waren neue Verordnungen in kraft getreten. **136** zeigt das Revers einer anderen Obristenfahne. (Daraus erklärt sich die seitenverkehrte Ansicht des Königswappens. Auf **135** ist das Avers dargestellt.) Jedes Bataillon eines Regiments hatte 2 Fahnen, wie üblich führte das 1. Bataillon die Obristenfahne und eine Bataillonsfahne, diese war generell weiß mit dem roten Burgunderkreuz (**137**). Den Re-

gimentern stand es frei, auf den Enden des Burgunderkreuzes das Wappen ihrer Heimatprovinz anzubringen. Diese Bestimmung blieb bis 1768 gültig.

138. Frankreich: Hussards de Chamborant

Guidon des Regiments, aus dem Jahr 1744. Wie die österreichischen Husaren (**132**) scheinen auch die französischen zu jenem Zeitpunkt keine rechteckigen Standarten geführt zu haben, die Feldzeichen vieler französischer Husarenregimenter der Epoche folgten dem abgebildeten Typus.

139. Frankreich: Gardes Françaises

Diese Fahne entspricht dem gängigen Muster für die französische Infanterie, das blaue Blatt kennzeichnet ein Königsregiment. Ebenso weisen die Lilien und Kronen auf den Rang als Elite hin. Das Regiment, 1558 als Garde du Roi aufgestellt, erfreute sich der Gunst der Herrscher, kämpfte tapfer in vielen großen Schlachten, wie 1745 bei Fontenoy, war aber auch einer der ersten Truppenteile, die sich später spontan auf die Seite der Revolution stellten.

Maße: annähernd 180 cm im Quadrat.

140. Lübeck: Bürgerwehr

Lübeck spielte damals die führende Rolle im Hanseatischen Bund. Die Fahne seines Bürgermilitärs zeigt die Stadtfarben weiß-rot, die auch auf dem Brustschild des Reichsadlers erscheinen.

141.—144. Preußen: Fahnen und Standarten

Wie bei III.**128** angegeben, hatten die preußischen Infanterieregimenter des 18. Jahrhunderts pro Regiment 1 Leibfahne und pro Kompanie 1 »Regimentsfahne«. Demnach führte das 1. Bataillon die Leibfahne und 4 Regimentsfahnen, das 2. Bataillon 5 Regimentsfahnen. Die abgebildete Fahne einer Kompanie des 10. Regiments v. Holstein (**143**) folgt dem Muster 1729, der einzige Unterschied, zu den früheren Feldzeichen besteht in der Einfügung des Flammenkreuzes. (Siehe auch **170—172**). Die Fahne des 1. Brandenburgischen Pionierbataillons (**144**) ist im gleichen Stil, sie wurde am 25. November 1741 übergeben.

141 zeigt eine typische Dragonerstandarte der Epoche 1740—1786, **142** die Leibstandarte des Husarenregiments v. Malachowski mit der charakteristischen Zackenbordüre der preußischen Husaren. Bei den Leib- und Regimentsfahnen bzw. -standarten folgte man dem Prinzip der gewechselten Farben. Die Stangen waren braun, die Spitzen golden, die Schnurbanderolen silbern/schwarz.

Maße: (Infanteriefahnen) Länge 140 cm, Breite 120 cm.

145.—146. Modena: Regiment Reggio

Bei Ausbruch des Österreichischen Erbfolgekriegs blieb Modena neutral, doch nach Verletzung seiner Neutralität trat es an die Seite Spaniens. 1740 war der Krieg für das Herzogtum bereits beendet, aber ein kleiner Truppenverband kämpfte weiterhin für Spanien und 1745 wurde der Herzog zum Generalissimus der spanischen Streitkräfte in Italien ernannt. Das Regiment Reggio wurde am 1. Juni 1740 formiert, als erstes von fünf Milizregimentern, welche die Namen von Städten oder Regionen des Herzogtums annahmen. Jedes Regiment führte 1 einheitliche Obristenfahne (**145**) und 2 »Ordinanza«-Fahnen nach französischem Vorbild (**146**).

147.—148. Britannien: Dragoner-Guidons

The Queen's Own Royal Regiment of Horse wurde im Jahr 1746 in die 2nd Dragoon Guards (trotz des Namens »Guards« keine Gardetruppe im üblichen Sinn!) umgewandelt und erhielt Guidons. **147** stellt das 1. Guidon dar. Das 2. war blau mit dem Namenszug GR und der Krone, wie abgebildet, aber statt des königlichen Wappens das Unions-Emblem: die Rose (England) und die Distel (Schottland) an gemeinsamem Stengel. Das 3. Guidon zeigt **148**. Aus diesen Beispielen ist der Stil der Guidons jener Zeit ersichtlich. Neue Bestimmungen wurden 1747 erlassen, aber die Regimenter widerstrebten Änderungen oder wußten nicht genau, was geändert werden sollte und erst nach nochmaligen Verfügungen im Jahr 1751 ergaben sich bei den Feldzeichen der Reiterei merkliche Neuerungen.
Maße: Länge 102,5 cm, Breite 67,5 cm.

149.—150. Britannien: Infanterie-fahnen

Die erste offizielle Regelung für die Gestaltung britischer Infanteriefahnen erfolgte 1743, aber die Einzelheiten waren nicht klar definiert und praktisch änderte sich wenig, bis im Jahr 1747 ausführlichere Bestimmungen erlassen wurden. Zum erstenmal erschienen Angaben über die freigestellten »regimental badges« die bis heute üblichen emblematischen Regimentsabzeichen der britischen Armee, samt Mustern für Form und Anbringung. Der andere Hauptpunkt dieser Vorschrift war die Beschränkung auf 2 Fahnen pro Regiment, die 1. oder Unionsfahne (»King's Colour«) und die 2. oder Regimentsfahne (»Regimental Colour«), diese in der jeweiligen Uniform-Abzeichenfarbe, ausgenommen Rot oder Weiß, in solchen Fällen war das Blatt weiß und trug zusätzlich das durchlaufende rote St. Georgskreuz.

149 zeigt die King's Colour des 9th Regiment of Foot. Die Regimental Colour war gelb (wie die Egalisierung der Röcke), mit dem Great Union in der Oberecke und der Regimentsbezeichnung im Kranz als Mittelemblem. Diese Fahnen sind typisch für den einfachen, man könnte sagen, modernen nun offiziell festgelegten Stil.

Als Beispiel einer Regimental Colour jene des 2nd Regiment of Foot aus dem Jahr 1747 (**150**). Die historische Motivierung des Lamms als Regimentsabzeichen ist nicht fest-

stellbar. Die Inschrift CARA bedeutet Carolina Regina.
Maße: Länge 195 cm, Breite 185 cm.

152.—152. Österreich: Infanteriefahnen

1741 verfügte Maria Theresia, daß das 1. Bataillon eines Regiments 1 Leibfahne und 1 Regimentsfahne zu führen hätte, die anderen Bataillone je 2 Regimentsfahnen. 151 zeigt das Avers und 152 das Revers der Leibfahne. (Bei 152 ist der Stangenteil seitenverkehrt gezeichnet.) Diese Muster wurden erstmals in einer Resolution von 1745 schriftlich definiert.
Maße: Länge 180 cm, Breite 140 cm.

STUART-AUFSTAND IN SCHOTTLAND   1745/46

153. England: King's Own Royal Regiment

Obristenfahne des Regiments (»Barrel's Blues«), die in der Entscheidungsschlacht bei Culloden ins Gefecht kam. Die 2. Fahne war der Great Union, dessen Mitte ebenfalls die gekreuzten Zepter zeigte, überhöht vom »Royal Crest« (crest = Helmzier im heraldischen Sinn, hier ein gekrönter Löwe, der auf der Königskrone steht). Diese Fahnen stammen aus früheren Zeiten und entsprechen nicht dem königlichen Erlaß des Jahres 1743.
Maße: Länge 195 cm, Breite 165 cm.

154. England: 3rd Regiment of Foot

Regimental Colour der »Buffs« (so genannt nach der Aufschlagfarbe ihrer Uniformen, der hellen Naturtönung von Leder, englisch »buff«) mit dem alten Regimentsabzeichen des Drachens, offiziell anerkannt durch den Erlaß von 1747. Möglicherweise befand sich oberhalb des Drachens ein weißes Spruchband mit der Devise »Veteri Frondescet Honore«, aber das wäre damals eine Eigenmächtigkeit gewesen. Mehr als ein halbes Jahrhundert blieb diese Fahne fast unverändert, 1807 stand die erwähnte Devise unterhalb des Drachens und der Great Union in der Oberecke trug statt der Nummer III die dreizeilige Inschrift »3rd Regt or Buffs« in einem goldgeränderten roten Medaillon. Ansonsten änderte sich auch weiterhin nichts. Später verschwand das umstrittene Spruchband bis 1890, als es sanktioniert wurde.
Maße: Länge 195 cm, Breite 185 cm.

155. Schottland: Banner des Prinzen Charles aus dem Haus Stuart

Dieses Banner — oder ein sehr ähnliches — wurde am 19. August 1745 in Glenfinnan, Invernesshire gehißt, es war das persönliche Panier des Prinzen Charles im Sinne mittelalterlicher, feudaler Traditionen. (Die Darstellung beruht auf einer Rekon-

struktion des Heroldmeisters, »Lyon King of Arms«, aus dem Jahr 1945.)
Maße: Länge 800 cm, Breite 270 cm.

156. Schottland: Lord Ogilvy's Regiment

Fahne des 2. Bataillons, bei Culloden im Gefecht. Die Obristenfahne war weiß und in der Gestaltung sehr ähnlich wie **157**, doch um das Mittelemblem eine Goldkette, an der ein Medaillon mit dem Bild St. Andreas' hing. Eine andere schottische Fahne, die der Verbrennung erbeuteter Feldzeichen entging (in Edinburgh, nach der Schlacht) war jene des Stewart of Appin's Regiment: hellblau mit durchlaufendem gelben Andreaskreuz.
Maße: Länge 200 cm, Breite 150 cm.

157. Schottland: Royal Écossais

In Frankreich wurden zur Unterstützung der aufständischen Hochländer drei schottische Regimenter formiert: 1744 Royal Écossais, 1745 das Ogilvy und das Albany Regiment, aber nur kleine Abteilungen kamen auf der Seite der Rebellen zum Einsatz. Abgebildet ist die Obristenfahne von Royal Écossais.
Maße: ca. 180 cm im Quadrat.

KÄMPFE IN NORDAMERIKA 1754—1763

158.—159. Britannien: 1st Royal Scots

Beide Fahnen entsprechen der Vorschrift von 1747, die »King's Colour« des 2. Bataillons unterschied sich von jener des 1. Bataillons durch die aufgelegte gewellte Spitze (»pile wavy«), (**158**), bei der »Regimental Colour« des 1. Bataillons erschien die römische Nummer I im Great Union in der Oberecke. Das einfache Mittelemblem war damals bei Regimentern, die den Titel »Royal« führten, üblich. Die gekrönte Distel Schottlands in den Ecken der Regimental Colour war seit mindestens 1684 das Regimentsabzeichen.
Maße: Länge 195 cm, Breite 185 cm.

160. Britannien: 27th Inniskilling Regiment of Foot

Regimental Colour nach dem Stand von 1747. Wenn die Blattmitte ein königliches oder Regimentsabzeichen zeigte — wie in diesem Fall das Schloß von Inniskilling in Irland, laut Überlieferung von Wilhelm III. verliehen — dann wurde die Regimentsnummer auf den Great Union gesetzt.
Maße: Länge 195 cm, Breite 185 cm.

161. Britannien: 44th Regiment of Foot

Regimental Colour mit dem einfachen Mittelkranz gemäß der Vorschrift von 1747, eine Regelung, die bis etwa 1760 gültig blieb. Die King's Colour dazu wäre der normale Great Union mit dem selben Emblem in der Mitte des Georgskreuzes.

Maße: Länge 195 cm, Breite 185 cm.

162. Britannien: 55th Regiment of Foot

Regimental Colour mit rokokohafter Gestaltung des Mittelemblems, ein Stil, der um 1760 aufkam und rund zwanzig Jahre beibehalten wurde. Während jener Zeit ersetzten manche Regimenter den Kranz durch das heraldisch ringförmige Band des Hosenbandordens. Die King's Colour war der Great Union mit Kranz und Regimentsnummer in der Mitte.

Maße: Länge 195 cm, Breite 185 cm.

163. Britannien: 62nd Royal American Regiment

King's Colour des 4. Bataillons, bei der Formierung im Jahr 1756 übergeben. Das Regiment war in der Vorschrift von 1751 nicht berücksichtigt, hätte sich aber nach den festgelegten Mustern richten sollen. Doch an Hand der erhaltenen Stücke ist festzustellen, daß sie vom Schema abwichen. Die Regimental Colour war aus blauer Seide, in der Oberecke der Great Union mit eingefügter Regimentsnummer. Das Mittelemblem ist auf beiden Fahnen gleich, die Bataillonsnummer erscheint in der alten lateinischen Schreibweise IIII.

Maße: Länge 195 cm, Breite 187,5 cm.

Andere Truppen der amerikanischen Kolonien hatten keine offiziellen Fahnen, mit Ausnahme von Ma-

ryland, wo es eine nach dem Wappen Lord Baltimore's gestaltete Fahne gab (Fig. 5), und Rhode Island, dessen Einheiten 1746 bei Kämpfen in Kanada eine blaue Signalflagge mit weißer Scheibe führten.

Fig. 5

164.—169. Frankreich: Infanteriefahnen

Im Jahr 1755 wurden sechs Infanteriebataillone zum Schutz der französischen Kolonien nach Nordamerika entsandt, es waren Teile der Regimenter de la Reine, Artois, Guyenne, Languedoc, Béarn und Bourgogne. Ein Jahr später kamen als Verstärkung zwei Bataillone von La Sarre und Royal Rousillon gemeinsam mit Montcalm. Auch andere Truppen waren an den Operationen beteiligt. Artois, Bourgogne (siehe **87**) und Cambis bildeten die Garnison der großen Festung Louisburg im heutigen Nova Scotia (Neu-Schottland).

Alle abgebildeten Fahnen folgen dem im Verlauf des 17. Jahrhunderts entwickelten Grundtypus für die französische Infanterie. Das Régiment de Béarn (**167**) war das einzige, das diese Variante führte, das gleiche gilt für de la Reine (**169**). Die Version von Royal Roussillon (**168**) hatten, in anderer Farbstellung, die Regimenter Royal (1 und 4 dunkelviolett, 2 und 3 kaffeebraun), Royal La Marine (1 und 4 himmelblau, 2 und 3 orange) und Royal Barrais (1 und 4 schwarz, 2 und 3 gelb). Bei den Regimentern Artois und Languedoc waren die Felder glatt und zwar: Artois 1 und 4

gelb, 2 und 3 hellblau, Languedoc 1 und 4 rostrot, 2 und 3 violett. Durch einen Befehl vom 10. Februar 1749 wurde die Zahl der Fahnen pro Bataillon offiziell auf zwei vermindert. Das 1. Bataillon führte die Obristenfahne und eine drapeau d'ordonnance, jedes andere Bataillon zwei drapeaux d'ordonnance.

Maße: ungefähr 180 cm im Quadrat.

SIEBENJÄHRIGER KRIEG 1756—1763

170.—172. Preußen: Infanteriefahnen

170 zeigt die Leibfahne des Infanterieregiments Nr. 1, den Grundtypus für viele Regimenter. Die dazugehörigen Regimentsfahnen waren orange mit ebensolchem Band auf weißem Mittelfeld, im übrigen wie die Leibfahne. Daraus ist zu ersehen, daß der einzige Unterschied zwischen Leibfahne und Regimentsfahne im Farbwechsel bestand. Bei der Leibfahne war das Blatt weiß und das Mittelfeld in Kompaniefarbe, bei der Regimentsfahne umgekehrt. Einige Regimenter, die das gleiche Muster führten, nur in anderen Farben: Nr. 2 schwarz; Nr. 3 und Nr. 41 gelb. Ebenso, doch mit Silber statt Goldstickerei: Nr. 10 und Nr. 43 hellgrün; Nr. 14 purpur; Nr. 38 rot.

Eine Variante ergab die kreuzförmige Teilung des Blattes durch schräge Keile, wie hier bei der Regimentsfahne des Infanterieregiments Nr. 7 (**171**). Damit war eine Tradition

preußischer Feldzeichen begründet, die sich später andere deutsche Staaten und zeitweise auch Rußland zum Vorbild nahmen. Leibfahne: weißes Kreuz, blaues Mittelfeld und purpurne Keile. Eine weitere Abwandlung, das Flammenkreuz, zeigt **172**, die Leibfahne des Infanterieregiments Nr. 4. Das Flammenkreuz wechselte seine Farbe nicht, demnach blieb es auch auf der Regimentsfahne gelb, das Blatt war purpurn, das Mittelfeld weiß mit purpurnem Spruchband.

Maße: Länge 140 cm, Breite 120 cm.

173. Sachsen: Artilleriefahne

Leibfahne der kursächsischen Artillerie, 1753 übergeben. Fahnen dieses Stils wurden bis 1810 geführt, dann eingezogen und nicht ersetzt.

174.—175. Österreich: Infanteriefahnen

174 zeigt das Avers einer Bataillonsfahne nach der Resolution von 1745 mit den Wappen von Lothringen und

Toscana im Brustschild des Doppeladlers. (Kaiser Franz I. war auch Großherzog von Toscana, das bis 1859 eine habsburgisch-lothringische Secundogenitur blieb.) Auf den Schwingen die Initialen FC (Franciscus Corregens) und IM (Imperator). Das Revers war wie 152, doch mit gelbem Blatt. Die Fahnenstange war mit schwarz-gelben Spiralstreifen bemalt und trug eine goldene Spitze. Schnurbanderolen golden oder silbern, nach der Knopffarbe des Regiments.

Bei 175 handelt es sich um eine Bataillonsfahne »nach ungarischem Fuß«, sie entsprach einer Regelung aus dem Jahr 1743 und dokumentiert die damalige Situation des Hauses Habsburg: die Kaiserwürde war noch nicht gesichert, Maria Theresia regierte als Königin von Ungarn und Böhmen, dies kommt im Wappen und durch die Farben Grün, Weiß und Rot des Blattes und der Bordüre zum Ausdruck. Nach der historischen Abfolge müßte 175 v o r 174 stehen. Häufig aber völlig irrig wird das Muster 1743 im Sinn eines vermeintlichen Dualismus als die Fahnenvariante für ungarische Regimenter der theresianischen Epoche bezeichnet.

176.—181. Frankreich: Infanterie-fahnen

Aus den Illustrationen ist ersichtlich, welch weiten Spielraum für verschiedene Versionen der französische Grundtypus bot. Die Regimenter de Cosse-Brissac (176) und Limousin (179) waren die einzigen, deren Fah-

nen diese Teilungen aufwiesen. Das Régiment de Cambresis folgte dem Muster von Saintogne (177), aber die Quartiere 1 und 4 rot-grün-rot-gelb, 2 und 3 gelb-rot-grün-rot. Beim Régiment de Foix waren die Fahnen wie für Briqueville (178) doch in den Farben gelblichgrau und grün statt schwarz und rot.

Die Grenadiers de France hatten eine aufwendiger gestaltete Fahne, wie es einem Eliteregiment zukam, mit Semées von Lilien und Granaten und dem Wappen Frankreichs in der Mitte (180). Das Régiment Royal Pologne (181) richtete sich nicht nach dem französischen Muster, seine Fahne zeigte in den Ecken das französische Wappen und den polnischen Adler, in der Mitte aber die Sonne, die seit den Zeiten des Roi soleil ein Stilelement französischer Fahnen bildete.

Maße: etwa 180 cm im Quadrat.

182.—183. Britannien: Garde-infanterie

Nach der Vereinigung Englands und Schottlands im Jahr 1707 wurde wie bei den Linienregimentern auch auf den Fahnen der Garde der »Great Union« eingefügt. Anno 1728 führten die 1st Foot Guards die »Royal Standard«, eine karminrote Obristenfahne und 26 andere Fahnen, die den Great Union zeigten. Die Obristenfahne der Coldstream Guards war ebenfalls karmin, die übrigen 15 Fahnen des Regiments entsprachen dem allgemeinen Muster der Zeit Jakobs II. (siehe 99—101). Der Stern des Hosenbandordens wurde den

Coldstream Guards zu einem nicht genau bestimmbaren Zeitpunkt während der 1. Hälfte des 18. Jahrhunderts als Regimentsabzeichen zuerkannt (das ist er noch heute), doch erst 1750 erschien er auf der Obristenfahne.

Selbst nach dem Erlaß von 1743 blieben die Gardefahnen im Prinzip unverändert. Seit damals hatten die 1st Foot Guards eine »King's Standard« also ein Königsbanner, das nur bei besonders feierlichen Anlässen mitgetragen wurde, je 1 King's Colour für jedes der 3 Bataillone (**182**: die King's Colour des 2. Bataillons, 1751 oder 1758 übergeben) und 1 Regimental Colour pro Bataillon, das war jeweils eine der alten Kompaniefahnen, die nun als Bataillonsfahnen geführt wurden. Die 1. Hauptmannsfahne war der Great Union mit dem Kompanieabzeichen (gekröntes Wappen von England) in der Mitte und der Ziffer I in der Oberecke. Die anderen 23 Kompanien hatten ihre eigenen Abzeichen und laufende Numerierung. Etwas später wurden die King's Colours des 2. und des 3. Bataillons auf einfarbig karmin geändert, beim 3. Bataillon mit der gewellten Spitze in der Oberecke.

Die 2nd (Coldstream) Guards hatten folgende Fahnen: King's Colours für alle 3 Bataillone karminrot, darauf 1 Bat. den Stern des Hosenbandordens, von Krone überhöht; 2. Bat. kleinerer Stern im ringförmig gelegten Knieband des Hosenbandordens und in der Oberecke der Great Union; 3. Bat. wie 2. Bat. aber in der Oberecke die gewellte Spitze. Die 15 Kompaniefahnen zeigten den Great Union über das ganze Blatt, in der Mitte das Kompanieabzeichen und die Krone, in der Oberecke die Kompanienummer. Als Beispiel die Fahne der 11. Kompanie/2nd Guards um 1758 (**183**). Dieses Regiment besaß keine Royal Standard.

Maße: Länge 247,5 cm, Breite 225 cm. Nach 1747: Länge 195 cm, Breite 185 cm.

184.—187. Rußland: Fahnen und Standarten

Unter der Zarin Elisabeth Petrowna führte jedes Infanteriebataillon 2 Fahnen, die Dragoner, Grenadiere zu Pferd, Husaren und Panduren pro Kompanie sowie die Kürassiere pro Schwadron je 1 Standarte. Bei der Artillerie gab es nur Regimentsstandarten. Die Obristenfahnen waren weiß, die anderen in der vom Korpskommandeur gewählten Farbe. Aber für die Fahnenbilder galt die Regel: auf der Obristenfahne der Zarenadler, auf den Bataillonsfahnen das Wappen der Stadt oder des Gouvernements, dessen Namen das Regiment trug. Hatte ein Truppenteil kein Anrecht auf ein solches Wappen, dann trat an dessen Stelle der kaiserliche Namenszug.

Die Obristenfahne der Gardes à Cheval (**184**) stammt aus dem Jahr 1742. Die vier Kompaniefahnen waren rot, sie zeigten in der Mitte den goldenen gekrönten Namenszug der Zarin auf orangem Feld in einem blau gebundenen grünen Kranz. Auch in den Ecken erschien der goldene Namenszug auf orangem Feld. Stilistisch interessant ist eine der drei Kompaniefahnen des 1. Grenadierregiments von 1756 (**185**). Die Obristenfahne war weiß. **186** gibt das Grundmuster für Linieninfanterie der Epoche (1741—63) an. Die Wahl der Farbe des Blattes und der Flammenzungen in den Ecken stand dem Regimentskommandeur frei, doch der Namenszug in der goldenen Kartusche hatte stets dieser vorgeschriebenen Form zu entsprechen. Das Leibgarderegiment Semenowski führte 1 Obristenfahne, bis auf die Farbe — Weiß — glich sie den 5 Kompaniefahnen von 1742 (**187**). Die Fahnen der drei Leibgarderegimenter unterschieden sich nur durch die Farbe der Randornamente: Semenowski hellblau, Preobraschenski rot, Ismailowski hellgrün.

Maße: Für Infanterie wahrscheinlich einheitlich, Länge 213 cm, Breite 142 cm. Für Grenadiere vielleicht etwas länger.

KRIEGE IN INDIEN   1757—1826

188.—190. Britische und indische Infanteriefahnen

Im Jahr 1757 gliederte sich die Bengal Native Infantry pro Bataillon in 10 Kompanien (2 davon Grenadiere), jede Kompanie führte eine Fahne in der Aufschlagfarbe des Regiments, mit verschiedenen Abzeichen in der Mitte, z. B. Krummsäbel, Dolch oder Halbmond. Grenadierkompanien waren durch den Great Union in der Oberecke hervorgehoben. Anno 1759 zeigten die Fahnen der Armee von Madras das rote St. Georgskreuz auf einem Blatt in folgenden Farben: 1. Bataillon: blau; 2.: gelb; 3.: grün; 4.: schwarz; 5.: weißes Kreuz auf rotem Blatt; 6.: drei parallele Diagonalstreifen rot-gelb-rot; 7.: ebenso, aber rot-grün-rot.

Die neue Armee Bengalens von 1763 hatte die St. Georgsfahne. Bald darauf wurde das System der Kompaniefahnen abgeschafft (1773 für die Bengalische Armee, um 1777 für die Armee von Madras) und etwa ab 1781 führten alle indischen Regimenter pro Bataillon zwei Fahnen nach dem britischen Muster.

Maße: Länge 210 cm, Breite 195 cm.

Abgebildet sind einige Fahnen britischer Regimenter, die während jener Epoche in Indien standen.

191. Britannien: 19th Light Dragoons

Dieses Regiment schiffte sich 1806 in Indien nach England ein — es hatte damals vierundzwanzig Dienstjahre in Übersee hinter sich. Am 16. April 1807 erhielten die 19th Light Dragoons gemeinsam mit den 74th und den 78th Highlanders das Privileg, auf ihren Feldzeichen zur Erinnerung an hervorragende Tapferkeit das Bild des Elefanten und den Schlachtennamen »Assaye« zu tragen. Vier Guidons mit diesen neuen

Abzeichen wurden gefertigt und vom Regiment bis zu dessen Auflösung im Jahr 1821 geführt. Die Illustration zeigt das Guidon der 4. Schwadron. Das »Royal Guidon« war rot mit dem Unions-Emblem (der Rose Englands, der Distel Schottlands und dem Kleeblatt Irlands an einem Stengel) und der Devise HONI SOIT QUI MAL Y PENSE auf blauem Spruchband in der Mitte, überhöht von der Krone. In der 1. und der 4. Ecke war der Schimmel von Hannover, in der 2. und 3. die römische Nummer samt Regimentsmonogramm: XIXLD auf rotem Feld in einem kleinen Unionskranz. Dieses Muster galt für alle Kavallerieregimenter und ersetzte das älteste (siehe **147/148**), das bis ca. 1751 verwendet wurde. Die Form mit dreieckigen Spitzen war seit 1768 vorgeschrieben, aber in den Napoleonkriegen und auch später, bis Feldzeichen nicht mehr im Gefecht geführt wurden, gab es bei der Truppe noch viele Guidons mit gerundetem abwehendem Rand.

Maße: (Standarten) Länge 72,5 cm, Breite 67,5 cm. (Guidons) 102,5 cm, Breite 67,5 cm. (Für Light Dragoons wahrscheinlich Länge 85 cm, Breite 70 cm.)

192. Französische Truppen

Typisch für die französischen Fahnen der ersten Phase der Revolutionskriege. Vermutlich vom französischen Kontingent im Dienst des Tippu Sahib während des Feldzugs von 1792.

193. Frankreich: Infanteriefahne

Wurde im 1. Mahratta-Krieg (1779 bis 1782) geführt und ist charakteristisch für den französischen Fahnenstil kurz vor der Revolution. Die selbe Version, doch ohne die indische Schlange, hatten die Regimenter Gatinois und Auxerrois. In den Feldzügen von 1760/61 kämpften auch Lally Tollendals Irish Regiment, Einheiten der Artillerie du Roi (siehe **117**) und das Régiment de Lorraine (**64**) in Indien gegen die Briten. Das irische Regiment wurde 1744 formiert und 1763 aufgelöst, es hatte Fahnen in der Gestaltung wie für Bulkeley's Irish Regiment (**91**), mit den grünen und roten Quartieren gewechselt und ohne Krone über der Harfe.

194.—195. Fahnen aus Mysore

Wurden bei Umzügen dem Sultan Hyder Ali und seinem Sohn und Erben Tippu Sahib vorangetragen. Bei der Erstürmung von Seringapatam im Jahr 1799 erbeutet. Ebenso wie die Palastfahne aus hellgrüner Seide mit der roten Hand Mohammeds in der Mitte.

196. Howdah-Banner aus Mysore

Es gab zwei Banner dieser Art, sie wurden vorne und hinten an die »howdah« (Tragsitz) von Hyder Alis Elefanten gehängt. Auch diese Stücke fielen den Briten in Seringapatam in die Hände.

197. Gurkha-Fahne

Während des Nepal-Krieges im Februar 1816 in Muckwampore einem für seine Tapferkeit berühmten

Gurkha-Bataillon entrissen, das in der Schlacht aufgerieben wurde.

198.—199. Bengali-Fahnen
Feldzeichen des Usurpators Doorjun (oder Durgan) Sal, 1825/26. Im Januar 1826 bei der Eroberung von Bhurtpore im Norden Bengalens erbeutet.

200.—201. Ostindische Fahnen
Die Originalfarben dieser im Chelsea Hospital, London aufbewahrten Stücke sind infolge Verbleichens nicht einwandfrei feststellbar, anscheinend waren die Blätter rot. Andere erhaltene gleichartige Fahnen sind rot und zeigen eine schwarzgoldene Schlange. Viele indische Fahnen trugen das Bild einer Hand, da ein Radscha traditionsgemäß seine Hand in Farbe tauchte und auf die Fahne abdrückte, bevor diese der Truppe übergeben wurde.

POLNISCHE FREIHEITSKÄMPFE 1768—1794

202.—203. Polen: Wimpel und Fahne
Dargestellt sind ein Wimpel der polnischen Irregulären (Kosyniers) unter der Führung Tadeusz Kosciuszkos während der nationalen Erhebung gegen die Zweite Teilung Polens zwischen Preußen und Rußland (**202**), und die Fahne der Krakauer Grenadiere etwa aus dem selben Zeitraum 1792—94 (**203**).

204.—205. Preußen: Infanteriefahnen
Zwei Varianten des Grundmusters für Infanterie (siehe **170—172**). Beim Regiment Nr. 19 war das Johanniterkreuz eingefügt. (**204**, hier die Leibfahne). Die Regimentsfahne zeigte die selben Farben, aber gewechselt. Analog für das Infanterieregiment Nr. 34 (Leibfahne: blaues Kreuz auf weißem Feld, Regimentsfahne: weißes Kreuz auf blauem Feld) aber Namenszug, Kranz und Granaten in Silber statt in Gold.

Das Infanterieregiment Nr. 15 (**205**) war die einzige Einheit, die diese Variante führte. Die Regimentsfahne war ähnlich, doch mit blauem Mittelfeld und silbernem Spruchband.

Maße: Länge 140 cm, Breite 120 cm.

206. Rußland: Kürassierregiment Nowgorodski
Dieses Regiment erhielt unter Peter III. eine Obristenstandarte und vier Schwadronsstandarten. Die Obristenstandarte war weiß mit gelben Keilen, Schwadronsstandarten wie abgebildet. Die Devise lautete: JE NE CRAINS PERSONNE. Standarten bzw. Fahnen des gleichen Musters führten die Linienkavallerie und die Linieninfanterie (1 Fahne pro Kompanie). Die Wahl der Farben für die Kompaniefahnen und

Schwadronsstandarten stand dem jeweiligen Kommandeur frei.

Maße: (Infanterie) Länge 213 cm, Breite 142 cm.

207. Rußland: Leibgarderegiment Preobraschenski

Unter Katharina der Großen wurde ab 1762 der Herrscher-Namenszug geändert, das Leibgarderegiment Preobraschenski erhielt 1 Obristen-und 16 Kompaniefahnen. Die Abbildung zeigt die Obristenfahne. Bei den Kompaniefahnen war das Blatt einheitlich schwarz. Diese Regelung galt auch für die anderen Leibgarderegimenter (je 1 Obristen- und 12 Kompaniefahnen), zur Unterscheidung diente die Farbe der Keile — Semenowski: hellblau, Ismailowski: hellgrün.

Maße: wahrscheinlich Länge 213 cm, Breite 142 cm.

AMERIKANISCHER UNABHÄNGIGKEITSKRIEG 1775—1783

208.—213. Britannien: Infanteriefahnen

Im Jahr 1768 wurde wieder ein königliches Dekret für die Fahnen erlassen. Die Einzelheiten blieben im Grund die selben wie bei den Regelungen von 1743 und 1747, aber erstmals wurden Regimenter mit schwarzer Abzeichenfarbe erwähnt (St. Georgskreuz auf schwarzem Feld mit Great Union in der Oberecke) und die genauen Maße angegeben. Ebenso waren die Embleme reglementiert, doch da die Fahnen jeweils vom Oberst des Regiments in Auftrag gegeben wurden, kam es noch immer zu Fertigungsvarianten, wie die Abbildungen zeigen. Etwa in den 1780er Jahren vollzog sich ein stilistischer Wandel der Details, es ist der Übergang vom Rokoko der Mittelkartusche und des breit verzweigten Kranzes zu der eher klassizistischen Strenge und Symmetrie eines einfachen Schildes im »Unions«-Kranz. Schottische Regimenter behielten allerdings unterschiedlichere Gestaltungen bei. Siehe auch **188.**

Die King's (**208**) und die Regimental Colour (**209**) des 9th Regiment of Foot aus dem Jahr 1772 sind zeittypisch, sie zeigen, wie die Formen nicht nur von Einheit zu Einheit sondern auch innerhalb eines Regiments differieren konnten. (Der Mittelteil der Regimental Colour wurde wahrscheinlich von einer älteren Fahne, ca. 1757, übertragen.) **210** stellt die Regimental Colour eines Regiments mit roter Abzeichenfarbe dar (1771). Die selben Richtlinien galten bei weißer Abzeichenfarbe. Die Anbringung arabischer Ziffern, hier auf der Regimental Colour der 103rd Foot aus dem Jahr 1780 (**212**) war in jener Epoche ein Ausnahmsfall.

Maße: Länge 195 cm, Breite 180 cm.

214.—215. Braunschweig: Infanteriefahnen

Im Prinzip zeigte bei den braunschweigischen Regimentern in Nordamerika die 1. Fahne die jeweilige Uniform-Abzeichenfarbe mit weißem Kreuz. Auf der 2. Fahne waren die Farben gewechselt. Doch nicht alle Truppenteile folgten dieser Regelung. Dargestellt sind die 2. Fahne des Regiments von Rhetz (**214**), das weiße Abzeichen aber ein grünes Fahnenblatt hatte, und die 1. Fahne des Regiments von Specht (**215**), mit der Abzeichenfarbe Rot. Das Regiment von Riedesel trug gelbe Aufschläge, führte aber in der Fahne ein blaues Kreuz. Gelb war auch die Farbe des Regiments Prinz Friedrich, doch das Kreuz war schwarz.

216. Hessen-Hanau: Infanteriefahne

2. Fahne des Regiments Erbprinz, des einzigen hessisch-hanauischen Kontingents, das in Nordamerika kämpfte. Die 1. Fahne zeigte das große Wappen des Herzogs Wilhelm von Hessen-Hanau, flankiert von Schildhaltern, im rosa Feld.

217. Ansbach-Bayreuth: Infanteriefahnen

In Nordamerika kamen zwei Ansbach-Bayreuther Regimenter zum

Fig. 6

Einsatz (das 1. und das 2.), je 5 Kompanien stark, von denen jede eine Fahne führte. Die Aversseite war einheitlich wie abgebildet. Das Revers ist aus Fig. 6 ersichtlich. Es war weiß mit goldenem gekrönten Namenszug und grünem Kranz. »MZB« bedeutet Markgraf zu Brandenburg.

218.—219. Hessen-Kassel: Infanteriefahnen

Jedes Regiment hatte zwei Fahnen, die 1. in Abzeichenfarbe mit weißem Kreuz, die 2. gewechselt. Embleme wie auf den Illustrationen. Die Abzeichenfarben waren: Rot für Gardegrenadiere und Regiment v. Mirbach; Karmin für Bunan und Jäger; Schwarz für Knyphausen und Heldring; Gelb für Hyne; Auroragelb für Kreis; Orange für Stein. Zwei Ausnahmen von dieser geltenden Regel, nämlich ohne weiße Kreuze, bildeten die Regimenter Prinz Carl (**218**) und Leibinfanterie (**219**). In beiden Fällen wurde hier die 1. Fahne aufgenommen. Die 2. Fahne des Regiments Prinz Carl war zur Gänze grün.

220. Nordamerika: Washington's Guard

Kleine Detachments aller Regimenter der Kolonien wurden Washington zugeteilt und formierten diese Einheit, die wie andere Truppen im Kampfeinsatz stand. Die abgebildete Fahne wurde wahrscheinlich 1782 entworfen, da sie den Weißkopf-Seeadler zeigt, der bis dahin nicht das offizielle Wappentier war.

221. Nordamerika: Philadelphia Light Horse

1775 dem 1. Trupp übergeben. Lange Zeit glaubte man, dies sei die erste Fahne, welche die Streifen des Sternenbanners zeigt. Doch genauere Untersuchungen des Originals ergaben, daß es sich um eine ältere britische Milizfahne handelt, auf welcher der Great Union in der Oberecke einfach streifenförmig übermalt wurde. Das verschlungene Monogramm »LH« oberhalb des Pferdekopfes bedeutet »Light Horse« (Leichte Kavallerie).

Maße: Länge 195 cm, Breite 92 cm.

222. Nordamerika: 2nd Regiment of Light Dragoons

Dieses Regiment unter dem Kommando von Major Tallmadge aus New York erwarb sich als »Tallmagde's Dragoons« Kriegsruhm. Es kämpfte bei Brandywine, Germantown und Monmouth. Eine zweite erhaltene Standarte zeigt auf blauem Blatt über dem Mittelemblem die Inschrift »2- Reg^t Lt Dragoons«.

Maße: 76 cm im Quadrat.

223. Nordamerika: Webb's Continental Regiment

Die abgebildete Fahne wird gewöhnlich der 1. Kompanie eines Infanterieregiments zugeschrieben, das Oberst Samuel B. Webb 1777 in Connecticut aufstellte — das 3rd Connecticut Regiment. Doch seit dem Mai 1776 galten für die Fahnen der Formationen Connecticuts neue Regelungen, nach denen das Blatt in verschiedenen Farben gehalten sein sollte. Für das 1st Regiment in Gelb, deshalb kann die Fahne von dieser Einheit stammen. Auffallend die eher einer Standarte zukommenden Maße: 92 cm im Quadrat. Auch eine Fahne gängiger Größe (183 cm im Quadrat) von Webb's Regiment blieb erhalten. Sie ist ebenfalls gelb, mit blauem Schriftband über einem Indianer, der einen goldenen Schild hält. Zu seinen Füßen ein nicht bestimmbares Tier, das über dem Kopf des Königs von England steht.

224. Nordamerika: 1st Continental Regiment of Foot

1776 gemäß einem Kongreß-Erlaß in Pennsylvania für die Armee der Vereinigten Kolonien rekrutiert. Das Regiment, häufig »1st Pennsylvania Rifles« genannt, bestand größtenteils aus Grenzern und geriet im Dezember 1776 in Fort Washington in Gefangenschaft.

225. Nordamerika: Pulaski's Legion

Diese Standarte wurde 1778 in Bethlehem, Pennsylvania von den Schwestern der »Moravian Church«, einer Sekte, für das aus Leichter Kavallerie und Infanterie bestehende Freikorps des polnischen Grafen Kasimir Pulaski gestickt und kam vor dessen Tod (Savannah, 1779) oft ins Gefecht. Die Reversseite zeigt das Monogramm US, umgeben von dem Motto UNITA VIRTUS FORCIOR. Das stark verblichen erhaltene Original war ursprünglich offenbar rot.

226.—231. Frankreich: Infanterie-fahnen

Obgleich nach dem Erlaß von 1749 nur mehr 2 Fahnen pro Bataillon geführt werden sollten, hatten manche Regimenter noch in den siebziger Jahren ihre Kompaniefahnen. Die Teilung des Blattes blieb praktisch unverändert, einige Varianten sind aus den Illustrationen zu ersehen. Die drapeaux d'ordonnance des Régiment d'Auxerrois waren wie für Gatinois (**226**), doch in den Farben Blau und Grün (blau oben bei 1 und 4, gestürzt bei 2 und 3). Ebenso entsprachen die Fahnen des Régiment Île de France, das nicht in Amerika war, denen von Hainault (**227**), aber mit gelben und schwarzen Spitzen. Das Régiment d'Agenois (**228**) scheint der einzige Truppenteil gewesen zu sein, der die nach dem Siebenjährigen Krieg aufgekommene abgebildete Version führte.

Die berühmte Legion Lauzun könnte Infanteriefahnen mit Quartieren in Blau (1 und 4) und Grün (2 und 3) gehabt haben — analog zum Régiment Marine Sayonne, das auch in Amerika eingesetzt wurde. Die Husaren der Legion führten möglicherweise eine Standarte mit dem Wappen des Herzogs von Lauzun: auf grauem, von Goldfransen gesäumtem Blatt ein von Rot und Gold quadrierter Schild, von goldener Krone überhöht. Als Schildhalter Greifen.

Maße: (Infanterie) 162 cm im Quadrat.

KOALITIONS- UND NAPOLEONISCHE KRIEGE 1792—1815

232.—237. Österreich: Fahnen und Standarten

Die Leib- und Bataillonsfahnen aus dem Österreichischen Erbfolgekrieg und dem Siebenjährigen Krieg (**151, 152** und **174**) blieben bis 1780 in Verwendung, als Josef II. Änderungen anordnete. Sie betrafen den neuen Namenszug J II und die Heraldik des Brustschildes, wie auf der Bataillonsfahne der Epoche 1792—1804 (**233**) ersichtlich. Dieses Muster wurde unter Kaiser Franz II. ausgegeben, aber bis auf den Namenszug war es mit jenem des Jahres 1781 identisch. Die Leibfahne zeigte noch immer die Muttergottes im Strahlenkranz auf weißem Feld (**151**), nur entsprach der Doppeladler auf dem Revers den neuen Richtlinien. Als Ergänzung ist die einheitliche Eskadronsstandarte der Kavallerie der Epoche abgebildet (**236**). Leibstandarten des Zeitraums 1780—1867 siehe **362**.

Unter den Truppen des damaligen kaiserlichen Vielvölkerheeres gab es auch wallonische Regimenter, die sich aus den österreichischen Niederlanden rekrutierten. Ihre Fahnen waren abweichend gestaltet, sie zeigten den Doppeladler auf dem roten Burgunderkreuz (**232**) und in diesem Fall unterhalb davon das Wappen von Brüssel (Infanterieregiment Murray,

1770). Solche Sonderformen stammen aus der Zeit zwischen 1768 und 1797, dem Jahr in dem die Niederlande an Frankreich abgetreten werden mußten.

Die nächste einschneidende Cäsur brachte das Ende des Heiligen Römischen Reiches. Nun waren am Brustschild des Doppeladlers die territorialen Einbußen und staatspolitischen Veränderungen abzulesen. **234** stellt eine Bataillonsfahne nach den 1804—1806 geltenden Bestimmungen dar. 1806 wurde wieder ein neues Muster eingeführt (**235**), das bis 1816 in Verwendung stand. Auf den Leibfahnen wechselte weiterhin nur der Doppeladler der Reversseite nach den jeweils bindenden Regelungen. Z. T. wurde die Regimentsnummer in der Oberecke angebracht. Das Muster für Kavalleriestandarten 1806—1816 zeigt **237**.

Maße: Infanterie Länge 180 cm, Breite 140 cm, Kavallerie variierend Länge 70—80 cm, Breite 63—70 cm.

238. Britannien: 1st Royals

Regimental Colour des 1. Bataillons um 1790, wahrscheinlich bald nach der Vereinigung mit Irland (1801) ausgetauscht. Der Kranz ist für »Royal« Regimenter jener Zeit ungewöhnlich, denn im allgemeinen führten sie das Hosenbandordens-Emblem. Ziemlich frei gestaltet auch der Namenszug. Die King's Colour war, wie üblich, der Great Union mit analogem Fahnenbild, aber ohne die Disteln in den Ecken.

Maße: Länge 195 cm, Breite 180 cm.

239. Britannien: Coldstream Guards

Royal Standard, gegen Ende des 18. Jahrhunderts von Königin Charlotte gestiftet. Ursprünglich zeigte das Blatt nur den Stern des Hosenbandordens (das Regimentsabzeichen), den Kranz (ohne Kleeblätter) und vielleicht die Krone, doch die Vereinigung mit Irland im Jahr 1801 bedingte die Einführung des »shamrock«, des irischen Klees. Die Battle Honour »Egypt« und die Sphinx wurden vermutlich um die selbe Zeit angebracht. 1814 wurden die Battle Honours »Lincelles«, »Talavera« und »Barrosa« genehmigt, 1815/16 »Peninsula« und »Waterloo«.

Maße: Länge 195 cm, Breite 180 cm.

240. Britannien: de Meuron's Swiss Regiment

Dieses Schweizerregiment wurde 1781 von de Meuron aus Neuchâtel zum Dienst für die Niederlande formiert, trat aber 1795 auf Ceylon in britischen Sold und kämpfte 1799 bei Seringapatam. Die damals geführte Fahne war der abgebildeten ähnlich. Diese blieb nach 1801 in Verwendung, nur war nun im Great Union in der Oberecke auch das St. Patrick-Kreuz Irlands eingefügt.

Maße: Länge 170 cm, Breite 120 cm.

241. Britannien: 23rd Light Dragoons

Das Royal Guidon von 1815. Die übrigen Guidons des Regiments waren blau. Die 23rd Light Dragoons wurden als 26th aufgestellt, aber 1803 umnumeriert. Alle Guidons wurden bald danach gefertigt, die

Battle Honours »Peninsula«, »Talavera« und »Waterloo« wurden wohl 1815/16 angebracht. Bei der Umwandlung der Einheit in Lancers (Ulanen) fielen die Guidons weg. Es ist nicht sicher, ob Kavallerieregimenter ihre Standarten und Guidons zu Beginn des Spanienkrieges ins Feld mitnahmen, doch 1812 und später kamen diese nicht ins Gefecht.
Maße: Länge 102,5 cm, Breite 67,5 cm.

242. Britannien: 1st Foot Guards (Grenadier Guards)

King's Colour des 3. Bataillons, wie sie bei Waterloo wehte. Die Battle Honours »Corunna« und »Barrosa« wurden am 18. Januar 1812 verliehen, offenbar entstand diese Fahne kurz danach. Die Regimental Colour war der Great Union mit dem Abzeichen der 8. Kompanie in der Mitte, dem von der Krone überhöhten grünen walisischen Drachen.
Maße: Länge 195 cm, Breite 180 cm.

243. Britannien: King's German Legion

Die Infanterie der vorwiegend aus Hannoveranern rekrutierten Deutschen Legion umfaßte 8 Linien- und 2 Leichte Bataillone. Jedes Linienbataillon hatte zwei Fahnen, die 1. war der dargestellte neue »Union Jack«. Inschrift im Mittelfeld: »King's / German Legion / V Battalion.« Die 2. Fahne war dunkelblau (Abzeichenfarbe), in der Oberecke der Union Jack, in der Mitte die Initialen K. G. L. und die Bataillons-

nummer, umgeben vom Unionskranz (Rosen, Disteln und Kleeblätter) wie auf der Illustration. Nach dem Spanienfeldzug wurde das Wort »Peninsula« rund um den Kranz gemalt. Diese Fahnen kamen bei Waterloo ins Feuer.
Maße: Länge 195 cm, Breite 180 cm.

244. Frankreich: Infanteriefahnen 1791—1794

Fahne des 52. Regiments (beide Seiten gleich). Die Trikolore in der Oberecke bezeichnet das 1. Bataillon. In der Übergangsphase blieb das bisherige Infanterie-Muster der königlichen Armee praktisch unverändert, gegen Ende des 18. Jahrhunderts, noch im »Ancien Règime«, scheint die Lilie als besonderes Emblem hinzugekommen zu sein. Die erste Änderung erfolgte auf Grund eines Dekrets vom 22. Oktober 1790, die weiße Cravate durch eine dreifarbige zu ersetzen. Mit einem weiteren Dekret vom 22. November 1792 wurde befohlen, die Lilien durch kleine blau-weiß-rote Rauten zu verdecken.
Maße: 180 cm im Quadrat.

245. Frankreich: Infanteriefahnen 1794—1804

Zu Beginn des Jahres 1794 wurden die alten Linienregimenter und die Nationalgardebataillone zusammengezogen und in Demi-Brigades (Halbbrigaden) zu je 3 Bataillonen neu gegliedert. Gemäß einem Dekret vom 4. März 1794 sollte jedes Bataillon eine Fahne führen. Auf dem Avers ein Liktorenbündel, überhöht von der phrygischen Mütze, umgeben von zwei Eichenzweigen, oberhalb davon ein Schriftband mit RÉPUBLIQUE FRANÇAISE. In den Ekken die Nummer der Demi-Brigade. Revers gleichartig, aber mit der Inschrift DISCIPLINE ET OBÉISSANCE / AUX LOIS MILITAIRES.

Fig. 7: Französische Fahnenspitze, 1791—1794

Auf dem abgebildeten Objekt steht statt »Obéissance« das dem Sinn nach gleiche Wort »Soumission«. Es ist die Fahne des 2. Bataillons der 23. Demi-Brigade, als solches an der Trikolore in der Oberecke kenntlich (hier Revers!), denn das 1. Bataillon war damals durch eine blau-weißrote Bordüre unterschieden. Fahnen dieses Typus wurden bis 1804 geführt, mit einer Lanzenspitze statt der im 18. Jahrhundert üblichen Lilienspitze, und trikolorer Cravate. Es gab viele Varianten des Grundmusters, stets unter Verwendung der Nationalfarben in der Bordüre oder

in der häufig unregelmäßigen Teilung des Blattes.
Maße: 162 cm im Quadrat.

246. Frankreich: Adler von 1804
Der Adler des Ersten Kaiserreichs besaß als Feldzeichen eine symbolische Bedeutung, die weit über jene einer Fahne hinausging und Napoleon legte großen Wert darauf, persönlich seinen Soldaten dieses Signum zu übergeben. Die erste Verleihung erfolgte am 5. Dezember 1804 auf dem Pariser Marsfeld, u. zw., ein Adler pro Bataillon oder Eskadron. Die zweite Verleihung an die Truppen fand am 1. und 4. Juni 1815 auf dem Maifeld statt, in den Jahren dazwischen übergab Napoleon einzelne Adler bei Paraden im Hof der Tuilerien. Eine kleine Zahl von Regimentern, vor allem die 1813 aufgestellten, erhielten ihre Adler vom Kriegsministerium.

Die Adler von 1804 wogen je 1850 Gramm, waren 308—310 mm hoch und maximal 255 mm breit. Einbußen in den Schlachen bei Eylau und Wagram bewirkten ein Verbot für die schwere Kavallerie, ihre Adler nach Spanien ins Feld mitzunehmen und allen leichten Reiterregimentern wurde befohlen, die Adler in den Garnisonen zurückzulassen, eine Weisung, die viele Einheiten ignorierten. Aus dem gleichen Grund — der Gefahr der Erbeutung — wurde 1806 die Zahl der Adler auf einen pro Regiment beschränkt, aber bei den in Deutschland stehenden Truppen kam es erst 1809 zur Durchführung dieser Bestimmung, die zudem erst am 25. Dezember 1811 offiziell festgelegt wurde.

1814 vernichteten die Royalisten die meisten Adler, so mußten 1815 neue gegossen werden, in etwas vereinfachter Form. Sie hatten die Flügel enger angezogen und den Schnabel geschlossen. Am 1. Juni wurden 206 an die Armee und am 4. Juni 86 an die Nationalgarde übergeben. Einigen Regimentern war es gelungen, ihre alten Adler zu erhalten und mit diesen zogen sie auch 1815 in den Kampf. (7., 8., 29. und 93. Linieninfanterieregter, 7. Kürassiere, 5. Chevaulegers-Lanciers, 3. und 7. Husaren, letztere hatten einen Adler der 23. Chasseurs à Cheval übernommen.)

247. Frankreich: Fahnen und Standarten 1804

Vom Ende des Jahres 1804 bis etwa 1811 führten· Infanterie, Kavallerie und Artillerie Fahnen bzw. Standarten des dargestellten Musters, nur durch die Größe des Blattes und die Regimentsbezeichnung unterschieden. Die Reversseite war für alle Truppen mit Ausnahme der Garde einheitlich. In der Mitte stand die Devise »VALEUR ET DISCIPLINE, darunter die Bataillons- oder Eskadronsnummer, gefolgt von den dem Regiment zuerkannten Schlachtennamen, doch ab 1808 wurden diese Ehrentitel auf die unter Napoleons persönlichem Oberbefehl errungenen wichtigen Siege aus der Zeit des Kaiserreichs beschränkt: Ulm, Austerlitz, Jéna, Eylau, Friedland, Eckmühl, Essling, Wagram. Die

Garde durfte auch »Marengo« (1800) tragen.

Der Adler bildete die Fahnenspitze, blieb aber in diesem Fall als Feldzeichen der Fahne selbst gegenüber vorrangig, was auch dadurch zum Ausdruck kam, daß viele Truppenteile ihre Adler an blanken Stangen trugen oder die Fahnenblätter eingerollt ließen.

Maße: Infanterie 80 cm im Quadrat, Kavallerie und Artillerie 60 cm im Quadrat.

Fig. 8

248. Frankreich: Fahnen und Standarten 1812

Gemäß einem Dekret vom 25. Dezember 1811 wurde ein neues Muster eingeführt, das formal deutlich den Empire-Stil repräsentiert. Diese neuen Fahnen waren so dicht mit Goldstickerei bedeckt, daß wegen des Gewichtes der Träger immer wieder abgelöst werden mußte. Fig. 8 zeigt die Reversseite (39. Infanterieregiment). Den Truppen wurden sie im Frühsommer 1812 übergeben, aber der

Fig. 9

Kavallerie war es verboten, ihre Standarten ins Feld mitzunehmen. Die Grande Armee erhielt die neuen »drapeaux« während des Vormarsches nach Rußland, doch höchstwahrscheinlich behielten nicht wenige Regimenter noch das ältere Muster bei.

Fig. 9 und 10 zeigen Avers und Revers der Fahne des 1. Grenadierregiments der Garde Impériale.

Maße: Infanterie 80 cm im Quadrat, Kavallerie und Artillerie 60 cm im Quadrat.

Fig. 10

249. Frankreich: Fahnen und Standarten 1815

Die 1815 übergebenen neuen drapeaux waren zwangsläufig viel einfacher als die früheren Muster, entsprachen aber im Prinzip dem selben napoleonischen Stil. Die blauen und roten Felder des Blattes waren im Original farblich etwas heller als auf der Illustration (45. Infanterieregiment). Das Revers zeigte die Schlachtennamen »Austerlitz« / »Jéna« / »Friedland« / »Essling« / »Wagram«. Die dargestellte Fransensäumung ist historisch unrichtig. Ein Beispiel für Dragonerstandarten Muster 1815 ist auf dem Buchumschlag abgebildet. (Dieses Regiment, die 5. Dragoner, führte die Schlachtennamen »Ulm« / »Austerlitz« / »Jéna« / »Eylau«.)

Maße: Infanterie 120 cm im Quadrat (Garde wahrscheinlich 80 cm), Kavallerie und Artillerie 55 cm im Quadrat.

250., 251., 253., 254. Preußen: Fahnen und Standarten

Generell betrachtet wahrten die Feldzeichen der preußischen Armee im Zeitraum 1792—1806 die im 18. Jahrhundert ausgeprägte Gestaltung. Siehe **170—172** und **204—205.** Nur der königliche Namenszug änderte sich. Vor 1792 war die Zahl der Fahnen auf 2 pro Bataillon vermindert worden. Das 1. Bataillon führte die Leibfahne und eine Bataillonsfahne. Die der anderen Bataillone hießen »Avancierfahne« (1.) und »Retirierfahne« (2.).

Während des Feldzugs von 1806

erbeutete der Feind etwa 340 Fahnen. Einige wurden gerettet und der 1808 reformierten Armee übergeben, doch für die meisten Regimenter mußten neue Fahnen gefertigt werden. Eine Vorschrift vom 27. November 1807 legte die Zahl der Fahnen pro Bataillon neuerlich auf 2 fest, Grenadier- und Füsilierbataillone hatten keine Fahnen zu führen. Die Füsiliere erhielten dieses Recht anno 1814, bei den Grenadieren war es schon 1813 Usus, meist bekamen sie eine Retirierfahne des Hauptregiments, von dem ihre Kompanien detachiert wurden, doch im Fall der Westpreußischen und der Schlesischen Grenadierbataillone war es die Retirierfahne eines der anderen Regimenter. Anscheinend waren bei Beginn des Feldzugs von 1813 noch nicht alle neuen Fahnen fertig, jedes Bataillon nahm nur seine Avancierfahne mit. Die Spitzen waren golden und zeigten den königlichen Namenszug, die Fahnenstangen weiß, bei den Infanterieregimentern 3, 4, 9, 10 und 11, dem 2. Grenadierbataillon und dem Leib-Grenadierbataillon hingegen schwarz. Das 1. und das 2. Garderegiment zu Fuß hatten ab dem 13. Januar 1813 gelbe Stangen und silberne Spitzen.

Die Kavalleriestandarten blieben während der ganzen Epoche im Prinzip unverändert, doch nach 1808 nahmen sie nur die Kürassiere und die Dragoner ins Feld mit. Bis zum 1. Oktober 1811 gab es 1 Standarte pro Eskadron, dann wurden alle bis auf 1 pro Regiment eingezogen. Ulanen und Husaren erhielten 1814 das Recht, Standarten zu führen, doch diese wurden den Regimentern erst nach Friedensschluß übergeben.

Eine Husarenstandarte älteren Datums zeigt **251**, die des Thüringischen Husarenregiments aus dem Jahr 1791.

Maße: Infanterie Länge 140 cm, Breite 120 cm.

252. Württemberg: Dragonerstandarte

Für besondere Tapferkeit in Gefechten bei Linz an der Donau am 17. Mai 1809 wurde dem Dragonerregiment »König« eine Ehrenstandarte verliehen und bis 1914 bei Paraden geführt. Sie hatte die Form eines Vexillums, war also eine Querstabstandarte, die frontal herabhing.

255. Hanse: Hanseatische Legion

Diese größtenteils aus Hamburger Bürgern bestehende Freiwilligenformation kämpfte 1813/14 in Norddeutschland. Ein Vergleich mit den anderen Illustrationen der Farbtafel zeigt die vom rein militärischen Stil abweichende Gestaltung dieser Fahne als Feldzeichen einer Truppe der Volksbewaffnung. Der Zeitgeist der patriotischen Erhebung kommt auch in der Devise »Deutschland oder Tod!« zum Ausdruck. Das Kreuz weist bereits in die deutsche Romantik mit ihrer Neuentdeckung der Kreuzritter.

256. Rußland: Garderegiment Semenowski

Bis 1796 hatten die Garderegimenter zu Fuß die 1763 übergebenen Fah-

nen (siehe **207**), die nun durch ein neues Muster ersetzt wurden. Abgebildet ist eine Kompaniefahne. Auf der Obristenfahne war das Kreuz weiß statt gelb. Die Keile waren für das Regiment Preobraschenski rot und für das Regiment Ismailowski grün. Im Januar 1799 wurden die Gardefahnen nach den Richtlinien für Linieninfanterie abgeändert.
Maße: 140 cm im Quadrat.

257. Rußland: Infanteriefahnen 1800

Unter Zar Paul I. wurde das als sijski-Grenadiere: schwarzes Kreuz, rosenrote Keile, oranges Mittelfeld, schwarzer Zarenadler, Krone, Zepter, Reichsapfel und Bewehrung golden, hellblaues Schriftband und grüner Kranz. Im Jahr 1800 erfolgte eine neuerliche Änderung, zugleich wurde ein Farbenschema der territorialen »Inspektionen« bestimmt, das die alten Divisionsfarben ersetzte. Die Tafel zeigt eine Kompaniefahne der Regimenter aus Orenburg und Sibirien. Obristenfahnen trugen einheitlich ein weißes Kreuz.

Inspektion	*Obristenfahne* *Keile*	*Kompaniefahnen* *Kreuz*	*Keile*	*Stik- kerei*
Brest, Litauen, Livland, Smolensk	schwarz/rot	schwarz	rot	silber
Dnjestr, Kaukasus, Krim, Ukraine	gelb/weiß	gelb/weiß	weiß	gold
Moskau, St. Petersburg	hellkarmin/weiß	hellkarmin/weiß	weiß	gold
Orenburg, Sibirien	gelb/grün	grün	gelb	gold
Finnland	schwarz/mittelblau	mittelblau	schwarz	gold

Fig. 11 dargestellte Muster 1797 eingeführt, das bis 1799 gültig blieb. Gezeigt ist die Fahne der Maloros-

Fig. 11

Viele Regimenter führten während der gesamten Napoleon-Ära Fahnen der Muster 1797 und 1800 nebeneinander.
Maße: 140 cm im Quadrat.

258. Rußland: St. Georgsfahne für Infanterie

Am 13. Juni 1806 wurde die erste St. Georgsfahne übergeben (an das Grenadierregiment Kiew), die Verleihung galt als besondere Auszeichnung. Abgebildet ist die St. Georgsfahne des Grenadierregimentes Fanagorijski aus dem Jahr 1810. Jene der Kiewer Grenadiere zeigte als ovalen Brustschild des Adlers das Wappen Moskaus — den hl. Georg im roten Feld. Bei späteren St. Georgsfahnen fiel es weg. Der Fahnenspitze war das weiße Kreuz des St. Georgsordens aufgelegt, die Schnurbanderole und das Fahnenband waren orange-schwarz (Bandfarben des Ordens).

Fig. 12.
Russische Fahnenspitze,
Muster 1797.

Ab 1807 wurde das Divisionssystem wieder eingeführt, aber die Farben der Inspektionen blieben weiterhin in Verwendung, Neuanfertigungen folgten dem obligaten Muster. Von 1813 an wurden keine Obristenfahnen mehr übergeben und man ging von der Kompaniefahne zur Bataillonsfahne (1 pro Bataillon) über.
Maße: 140 cm im Quadrat.

259. Rußland: Dragoner, Muster 1797

Das Muster 1797 für Dragonerregimenter wurde bis 1803 geführt. Jedes

Regiment hatte eine Obristen- und vier Schwadronsstandarten. Die dargestellte Schwadronsstandarte stammt von den Smolensk-Dragonern. Husaren führten keine Standarten, ausgenommen das Pawlograder Regiment, dem am 13. Juni 1806 eine Obristen- und neun Schwadronsstandarten des St. Georgsmusters verliehen wurden, d. h. wie **259**, aber mit den Inschriften auf den Rändern, vgl. **258**.
Maße: 52,5 cm im Quadrat.

260. Rußland: Kürassiere und Dragoner, Muster 1803

Im Jahr 1803 erhielten die Kürassier- und die Dragonerregimenter je 1 Obristen- und 4 Schwadronsstandarten im dargestellten etwas barockisierenden Stil. Die Illustration zeigt eine Obristenstandarte (1814 abgeschafft), die bis zum Ende der Napoleonischen Kriege beibehaltenen Schwadronsstandarten waren ein-

Fig. 13.
Russische Chevalier Gardes 1800 bis 1815. Es gab drei dieser Standarten nach dem Vexillum-Typus: weißes Kreuz im roten Feld, Goldfransen, Stange ebenfalls golden mit Silberkanellierung, Kugelknauf und Zarenadler silbern.

heitlich grün mit weißen Feldern der Eckembleme.

Die Kürassierstandarten der Zeit 1797—1803 waren vom gleichen Typus, mit kleinen Abweichungen des Bildes: in der stangenseitigen Ecke ein Kreuz im Strahlenkranz und der bund, die Truppen des Großherzogtums umfaßten 4 Infanterieregimenter, Garde du Corps, Husaren und Artillerie. Die Infanteriefahnen entsprachen dem abgebildeten Muster, in verschiedenen Farben. Für die Regimentsfahnen:

Regiment	Keile	Kreuz	Kranz	Namenszug
1.	rot	gelb	grün	Kein Kranz, Namenszug umgekehrt
2.	weiß	rot	grün	Wie I 11.
3.	weiß	dunkelblau	grün	Wie I 11.
4.	weiß	gelb	gold	Wie I 11.

darauf zufliegende Adler in der unteren Ecke des abwehenden Randes. Es gab pro Regiment 1 Obristen- und 4 Schwadronsstandarten.

Maße: Muster 1803: Länge 57,5 cm, Breite 50 cm. Kürassiere 1797—1803: Länge 52,5 cm, Breite 45 cm.

261. Rußland: Banner der Don-Kosaken

Für die Kosakenbanner existierten offenbar keine bindenden Richtlinien, aber sie hatten alle mehr oder weniger das Aussehen wie das hier abgebildete Objekt aus dem Jahr 1803. In manchen Einzelheiten wurden gewiße Regeln befolgt: z. B. waren die Fransen und die Spitze golden, ebenso die meiste Stickerei des Blattes, Schnurbanderole und Band hingegen waren silbern. Der Stangenteil der Fahne war rot und die Stange grün.

262. Baden: Infanteriefahnen

Baden gehörte ab 1806 zum Rhein-

Zwischen 1806 und 1808 hatte jedes Regiment auch eine Leibfahne in gewechselten Farben des Kreuzes und der Keile. Das 2. Regiment führte seine Leibfahne möglicherweise auch nach 1808.

263. Bayern: Infanteriefahnen

Die Illustration zeigt die Bataillonsfahne von 1803, die während aller Napoleonischen Kriege als Feldzeichen diente. Die Leibfahne war weiß, darauf im Wappenmantel mit Kurhut der quadrierte Schild des Kurfürstentums Bayern, als Herzschild ein rotes Oval, darin goldener Reichsapfel, als Schildhalter Löwen, von Palm- und Lorbeerzweigen umgeben. Ab 1804 gab es pro Regiment eine »Ordinärfahne« und eine Leibfahne. Als Bayern im Jahr 1806 Königreich wurde, ersetzte die Krone den Kurhut und 1808 trat an die Stelle des Großen Wappens der weiß-blaue Rautenschild.

Maße: 173 cm im Quadrat.

264. Braunschweig: Infanteriefahnen

Vor dem April 1814 besaßen die braunschweigischen Truppen keine Fahnen. Bei Waterloo führte jedes der drei Linienbataillone je eine »Herzogsfahne« und eine Bataillonsfahne. Abgebildet ist eine Bataillonsfahne, vielleicht die des 1. Bataillons. Die Fahne des 2. Bataillons zeigt Fig. 14 (Farben siehe Schutzumschlag). Die Reversseite trug den gekrönten Namenszug FW in einem Kranz, alles silbern.

Maße: 140 cm im Quadrat.

Fig. 14

Die Herzogsfahne des 3. Bataillons hatte ein schwarzes Blatt (in der Uniformfarbe der berühmten »Schwarzen Schar«) mit rechteckigem hellblauem Mittelfeld, darauf der Schimmel von Hannover und die Devise NUNQUAM RETRORSUM, beides in Silber. Auf der Reversseite war das Mittelfeld gelb, es zeigte im silbernen gekrönten Kranz die Inschrift MIT GOTT / FÜR FÜRST / UND VATERLAND / MDCCCIV und unterhalb davon den seit dem Befreiungskrieg traditionellen silbernen Totenkopf der Braunschweiger.

Maße: 142 cm im Quadrat.

265. Nassau: Infanteriefahne

Das hier dargestellte Objekt stammt aus dem Jahr 1810, Fahnen dieses Musters wurden während der Rheinbundzeit und auch bei Waterloo auf Seiten der Verbündeten vom 1. und 2. nassauischen Regiment geführt. Offenbar gab es keine Varianten.

266. Sachsen: Infanteriefahne

Ordinärfahne des 2. Bataillons, Regiment Prinz Maximilian, 1802 bis 1811. Eigenartig die an einen Bilderrahmen der Zeit gemahnende Bürdüre. Sächsische Infanterieregimenter hatten zwei Fahnen, die Leibfahne stand beim 1. Bataillon.

Maße: Länge 157 cm, Breite 144 cm.

Nach den Feldzügen von 1806/07 wurde das Heer reformiert und am 20. Juli 1811 erhielten die Truppen neue Fahnen. Die Gestaltung war für alle Regimenter einheitlich, Reversseite siehe Fig. 15, auf dem Avers das Wappen des Königreichs Sachsen im Wappenmantel. Die Unterscheidung erfolgte durch die Farbe des Blattes und das Dessin der Bordüre: Leib-

Fig. 15

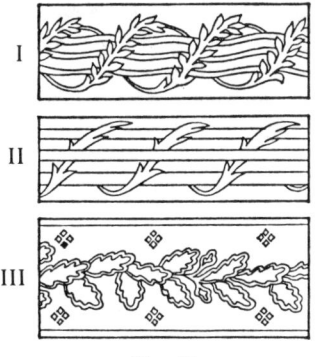

I

II

III

Fig. 16

Großherzog von Toscana, dann Kurfürst von Salzburg), eines Bruders Kaiser Franz I. Die Reversseite war entweder analog oder sie zeigte den Wappenschild im Wappenmantel, umgeben vom grünen Lorbeerkranz. *Maße:* Länge 160 cm, Breite 120 cm.

268. Piemont: Infanteriefahnen
Um 1780 bekamen die piemontesischen Truppen je 1 Obristenfahne für das 1. Bataillon und 1 Fahne für jedes andere Bataillon. Im Stil waren sie einheitlich, bei der Kavallerie als Standarte. Die Illustration zeigt die Aversseite der Obristenfahne des Re-

grenadiere Blatt zitronengelb, Bordüre wie Fig. 16/I (drei hellblaue Wellenlinien und Silberranken); Regiment Prinz Anton Blatt hellblau, Bordüre wie Fig. 16/II (Bänderung und Ranken in Gold); Regiment Prinz Clemens Blatt hellblau, Bordüre wie Fig. 16/II aber silbern; Regiment Low Blatt smaragdgrün, Bordüre wie Fig. 16/III (silbernes Laubwerk).
Maße: Länge 151 cm, Breite 146 cm.
Die Kavallerie- und Artilleriestandarten, die bis 1810 in Verwendung standen, siehe **133** und **173**.

267. Würzburg: Infanteriefahnen
Avers der Fahnen, welche die beiden Infanterieregimenter des neugeschaffenen Großherzogtums Wurzburg vom August 1806 bis 1814 führten, als sie in die bayerische Armee eingegliedert wurden und deren Fahnen erhielten. Die Zackenbordüre nach österreichischem Vorbild weist auf den Einfluß des habsburgischen Großherzogs Ferdinand hin (ehem.

I II

Fig. 17

giments di Savoia, Fig. 17 stellt die Reversseite dar, in der Mittelkartusche erschien das Regimentswappen, es gab zwei Varianten, Fig. 17/I (Montferrat) und Fig. 17/II (Piemont), Bataillonsfahnen waren beidseitig wie das Revers der Obristenfahne.
Maße: erhaltene Originale weisen

Differenzen auf: Länge 168—180 cm, Breite 183—188 cm.

269. Cispadanische Republik: Lombardische Legion

Die Cispadanische Republik, eine Gründung der Revolutions-Ära, umfaßte die norditalienischen Gebiete südlich des Po und ging 1797 in der Cisalpinischen Republik auf. Zeittypisch die Gliederung der Lombardischen Legion in 6 »Kohorten«, von denen jede eine Fahne geführt zu haben scheint. Die 1. Kohorte erhielt ihre am 7. November 1796. Abgebildet ist das Avers. Die Reversseite war ähnlich, aber die Inschrift lautete: SUBORDINAZIONE / ALLE LEGGI MILITARI, die beiden Dolche fehlen, statt dessen: LEGIONE LOMBARDA / COORTE / N⁰ (Fahnenbild) 1.

Maße: Länge 146 cm, Breite 132 cm.

270.—271. Neapel: Infanteriefahnen

Im Jahr 1806 wurden bei der neapolitanischen Armee Fahnen nach französischem Vorbild (vgl. **247**) eingeführt, mit schwarzen statt blauen Blatteilen. Auch dort folgte man dem Prinzip: 1 Fahne pro Bataillon. Die dargestellte stammt vom 1. Leichten Infanterieregiment (Avers). Die Reversseite trug die Inschrift: GIUSEPPE / NAPOLEONE / RE DELLE DUE SICILIE / AL I^{mo} REGGIMENTO / D'INFANTERIA LEGGERA. (Das übliche italienische Wort für Infanterie ist allerdings »Fanteria«.)

Maße: 80 cm im Quadrat.

Am 15. Februar 1811 erließ der nunmehrige König von Neapel, Joachim Murat, ein Dekret für neue Fahnen. Die Bordüre war weiß-purpurn geschacht, das Blatt blaßblau mit dem königlichen Wappen auf dem Avers und der Regimentsbezeichnung im goldenen Lorbeer- und Eichenlaubkranz auf dem Revers. Statt der Spitze trug die Stange ein goldenes steigendes Pferd auf dem Kapitäl einer korinthischen Säule. Das 7mo Reggimento Reale Africano (**271**) rekrutierte sich aus Negern und Mulatten.

Maße: Länge 85 cm, Breite 78 cm.

272.—273. Königreich Italien: Fahnen und Standarten

Anno 1805 wurde die Italienische Republik zum Königreich und von

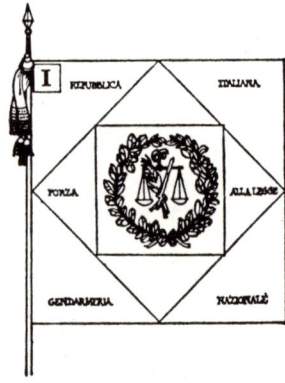

Fig. 18: Italienische Republik 1802—1805, Muster der Infanteriefahnen. Kavalleriestandarten ähnlich, aber mit Fransen. Eckfelder rot, Mittelfeld olivgrün, Raute und Nummernfeld in der Oberecke weiß.

jener Wende an hätten Fahnen nach französischer Art geführt werden sollen, aber die meisten Regimenter behielten ihre republikanischen bei. Bis zum Jahr 1808 war die Heeresreform abgeschlossen und damals wurden neue Feldzeichen übergeben, für alle Truppen nach einheitlichem Muster, pro Bataillon oder Eskadron 1 Fahne bzw. Standarte. (Vgl. **247**)

Auf den italienischen Fahnen war das Blau der französischen Eckfelder durch Grün ersetzt, das Avers trug die Inschrift: NAPOLEONE IMPERATORE E RE AL (Nummer) REGGIMENTO FANTERIA DI LINEA (oder LEGGERA). Die Reversseite zeigte den Kaiseradler mit goldener Krone auf rotem Brustschild. Unterhalb davon ein kleinerer hellblauer Schild, darauf das goldene N. Oberhalb des Adlers VALORE E DISCIPLINA, unterhalb: (Nummer) BATTAGLIONE auf blaßblauem Schriftband.

Aus unbekannten Gründen waren die Farben der Eckfelder auf der Standarte der 1. Eskadron der Dragoni della Regina (**272**) von anno 1813 gewechselt. Ältere Standarten entsprachen dem üblichen Muster. Gewisse Abweichungen sind auch bei den Feldzeichen der Cacciatori a Cavallo (Jager zu Pferd) festzustellen (**273**). Die Reversseite zeigte die Inschrift VALORE E DISCIPLINA und darunter die Eskadronsnummer, in den Ecken goldene Jagdhörner mit der Regimentsnummer.

Maße: Infanterie 80 cm im Quadrat, Kavallerie 60 cm im Quadrat.

274.—276. Portugal: Fahnen und Standarten

Zwischen 1806 und 1814 führten die 9., 11., 21. und 23. Infanterieregimenter je 1 Königsfahne wie **274**, mit kleinen Unterschieden der Gestaltung des Mittelemblems und der Farbe des Schriftbandes. **275** zeigt eine solche Variante, die des 21. Regiments. Ein anderes Beispiel, die Königsfahne der 7. Caçadores (Jäger), illustriert die Gestaltungsmöglichkeiten im Rahmen des selben Stils. Die Bataillonsfahnen waren in den Farben der Divisionen: Nordregion gelb, Zentralregion weiß, Südregion rot. In der Mitte das Wappen wie auf **274**, doch ohne das Motto im Kreisband. Die Regimentsnummer auf einem Schriftband darunter und in den Ecken die königlichen Namenszüge.

Kavalleriestandarten, 1 pro Eskadron, entsprachen dem Muster der Bataillonsfahnen, waren aber quadratisch und kleiner. Außerdem stand das portugiesische Wappen in einer Rokoko-Kartusche und das Schriftband war blau. Farbe des Blattes: 1. Eskadron weiß, 2. rot, 3. gelb, 4. blau.

277.—279. Spanien: Fahnen und Standarten

Laut einem Dekret aus dem Jahr 1768 hatte jedes Bataillon der Infanterieregimenter 2 Fahnen und jede Kavallerieeskadron 1 Standarte zu führen. Am 26. August 1808 wurde die Zahl auf 1 Fahne pro Bataillon vermindert. **278** zeigt die Königsfahne (1. Bat.) des Regiments Irlanda. In den Ecken jeweils das Wappen

Aragon   Kastilien

Leon   Granada

Fig. 19

der Heimatprovinz oder -stadt des
Truppenteils, im Fall dieses Frem-
denregiments die Harfe Irlands. (Das
Wappenfeld wird sowohl grün als
auch blau dargestellt, letztere Version vielleicht infolge von Verfär-
bung.) Fig. 19 gibt einige häufig vor-
kommende Wappen wieder. Das
Muster der Bataillonsfahnen veranschaulicht **277**, hier für das Regiment Macarquibir. Die Enden des
Burgunderkreuzes waren stets mit
Wappen belegt. Artilleriefahnen
(**279**) unterschieden sich davon praktisch nur durch die Purpurfarbe und
das Schriftband. Die Kavalleriestandarten der Epoche betr. sei auf **134**
verwiesen. Freiwillige, Guerilleros
etc. die von 1809—1814 gegen die
Franzosen kämpften, hatten Fahnen
eigener Gestaltung, meist mit religiösen Motiven oder patriotischen

Devisen. Das Blatt war fast immer
weiß.

Maße: Infanterie ca. 140 cm im
Quadrat.

280.—285. Polen: Fahnen und Standarten

Die 1797 in Italien eingesetzten polnischen Legionen hatten Fahnen
nach französischer Art (**280**). Aus
den Veteranen wurde 1807 die
Weichsel-Legion formiert, **281** zeigt
eine ihrer Fahnen. Die Lanciers erhielten anno 1800 Standarten des
gleichen Aussehens wie **280** und
führten diese bis mindestens 1810,
ohne je einen Adler zu bekommen.

Im Herzogtum Warschau wurden,
nach französischem Vorbild, den Regimentern silberne Adler als Feldzeichen verliehen (Fig. 20). Manche waren gekrönt, der Querbalken war
meist blau bemalt und mit Goldlettern beschriftet. Die Darstellung der
Fahnen stützt sich auf von den Russen erbeutete erhaltene Originale.
Die Maße variieren — 13. Infanterieregiment: 69 zu 77 cm; Seltsam für
Polen das Fahnenbild: die Roma mit
der Wölfin und Romulus und Re-
mus! 14. Infanterieregiment: 56 zu
77 cm; 15. Lancier-Regiment: 60 zu
61 cm. Die 1. Chasseurs à Cheval
hatten eine karminrote Standarte mit
dem silbernen Polenadler, ihm zu
Häupten das Wort LEGÍAL und
unterhalb I PULK LEKKI IAZDV.
Silberne Fransen. Maße: 66 zu 74 cm.
Die bis 1794 von polnischen Einheiten geführten Feldzeichen siehe
202 und **203**.

286. Frankreich: Régiment Irlandais
Dieses Regiment erhielt die dargestellte Fahne im Jahr 1804. Die Reversseite war ähnlich, zeigte aber im
Mittelmedaillon die Inschrift LI-
BERTÉ / DES / CONSCIENCES /
INDÉPENDANCE DE L'IRLANDE
in gelber Umrahmung mit grünem
Laubwerk. 1811 wurde die Truppe
als 3. Fremdenregiment eingeteilt.
(Nicht zu verwechseln mit der späteren Fremdenlegion!) Soviel man
weiß, waren die damaligen Fahnen
des 2., 3. und 5. Bataillons grün und
zeigten die große goldene Harfe.
Wann dieses neue Muster eingeführt
wurde, ist nicht bekannt. Für den
Feldzug von 1813 in Deutschland bekam das Regiment normale französische Infanteriefahnen, siehe **248**.
Maße: 80 cm im Quadrat.

**287. Holland: 5. Linieninfanterie-
regiment**
Fahne eines Infanterieregiments zur
Zeit des Königreichs Holland unter
Louis Bonaparte (1806—1810). Die
Abbildung ist eine Rekonstruktion
nach Unterlagen in J. Fords Buch
»War Flags etc. at Chelsea Hospital«,
London 1861, Einzelheiten des Lö-
wen sind unklar. Das Revers trug die
Inschrift DE KONING / AAN /
HET 5de REGIMENT / INFANTE-
RIE VAN LINIE / 2de BATAIL-
LON. Andere Regimenter mögen
ähnliche Fahnen geführt haben. Als
Louis abdankte und Holland von
Frankreich annektiert wurde, erhiel-
ten die Truppen Fahnen französi-
schen Musters, siehe **247—248**.
Maße: 80 cm im Quadrat.

**288. Schweden: Regiment Royal
Swedois**
Die Einheit war kein Freikorps, sondern ein reguläres Regiment der
schwedischen Armee unter dem früheren französischen Marschall Ber-
nadotte, seit 1810 Kronprinz von
Schweden. Es wurde 1813 von einem
französischen Emigranten in
Deutschland aufgestellt und kämpfte
bei Leipzig gegen Napoleon. 1814
nahm es an der Invasion in Norwe-
gen teil, im Dezember des selben
Jahres wurde es aufgelöst. Die Fahne
ist insofern interessant, als sie einen
Rückgriff auf den Stil der alten königlichen Armee Frankreichs weist:
das weiße Kreuz in Verbindung mit
dem schwedischen Wappen.

*Fig. 20. Adler für die Infanterie
des Herzogtums Warschau.*

289. Schweiz: Infanteriefahnen

Auf Anforderung der französischen Regierung wurden im November 1798 sechs Helvetische Halbbrigaden formiert. Die Farbtafel zeigt die Reversseite der Infanteriefahnen, bemerkenswert das Motiv, nicht heraldisch, sondern bildmäßig, nach damaliger Auffassung fast plakativ, nämlich Wilhelm Tell vor einem Liktorenbündel mit phrygischer Mütze. Das Avers zeigt Fig. 21. Das Mittelmotiv war für alle Halbbrigaden einheitlich, doch die Teilung und die Farben der Umrahmung wechselten.

Maße: 163 cm im Quadrat.

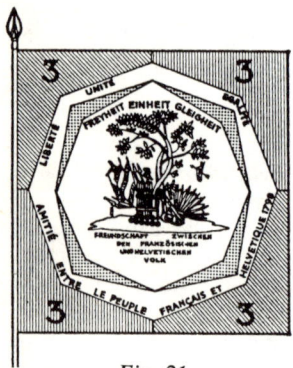

Fig. 21

290. Armee der Condé: Grenadiers de Bourbon

Anfänglich stand dieser militärische Verband französischer Emigranten unter dem Befehl des Compte de Condé in britischen Diensten. Im September 1797 traten die Truppen in russischen Sold, sie wurden nach russischen Richtlinien neu formiert und ausgerüstet. Die abgebildete Fahne (Avers und Revers) ist ein Gegenstück zu **288**, hier sind es russische Elemente, die mit den Symbolen des Bourbonen-Königtums, dem Kreuz und der Lilie, kombiniert erscheinen.

Maße: 137,5 cm im Quadrat.

291. Französische Emigranten: Dragons d'Enghien

Vom Mai 1798 bis 1800 führte das Regiment eine Obristenstandarte und vier Eskadrons-Standarten. Sie unterschieden sich vor allem durch die Farbe des Kreuzes: weiß für Obrist, gelb für die übrigen Eskadronen. Im Mai 1801 wurden die Dragons d'Enghien als »Chasseurs Britanniques« in britische Dienste übernommen.

BRITISCH-AMERIKANISCHER KRIEG 1812—1815

292. Britannien: 7th Royal Fusiliers

Regimental Colour, während der letzten Dekade des 18. Jahrhunderts von den königlichen Prinzessinnen für ihren Bruder, den Herzog von Kent, gefertigt, der 1789—1801 Oberst des Regiments war. Der Kranz für »Royal Regiments« jener Zeit sehr ungewöhnlich, noch seltener die kostbare Goldstickerei statt

des sonst üblichen Grün. Die King's Colour zeigte das gleiche Mittelemblem, aber kein regimentseigenes Abzeichen in den Ecken. Die vorher, 1785—95 geführte Fahne war typischer für das einfache Muster der »Royal Regiments«, ohne Kranz, in den Ecken nur der Schimmel von Hannover auf grünem Rasenstreifen.
Maße: Länge 195 cm, Breite 180 cm.

293. Britannien: 4th West India Regiment

Regimental Colour, ab etwa 1795 bis kurz nach der Vereinigung mit Irland im Jahr 1801 bei der Truppe. Die King's Colour trug den gleichen Kranz, aber in der Mitte nur den roten Schild mit »G.R. / West Indies / 4th Regiment« (in 3 Zeilen), überhöht von der Krone. Die Anbringung der Regimentsnummer ist hypothetisch. Das Mittelemblem war inoffiziell, aber die Ananas wurde später als Regimentsabzeichen anerkannt. Die Einheit wurde 1819 aufgelöst.
Maße: Länge 195 cm, Breite 180 cm.

294.—295. Britannien: 4th Regiment of Foot

Typische einfache Fahnen der »Royal Regiments« jener Epoche. Vor 1816 war bei ihnen der Unionskranz nicht eingeführt und kam selten auf ihren Fahnen vor. Das Abzeichen des Löwen von England wurde 1747 verliehen, die Battle Honour »Peninsula« am 6. April 1815, daher war sie während des Krieges in Amerika noch nicht auf den Fahnen zu sehen. Auch hier beruht die Einfügung der Regimentsnummer auf Vermutungen.

Das 1. Bataillon kehrte rechtzeitig nach Europa zurück, um an der Schlacht bei Waterloo teilzunehmen und focht unter den abgebildeten Fahnen im Sektor La Haye Sainte.
Maße: Länge 195 cm, Breite 180 cm.

296.—297. Britannien: Quebec Militia

Im Süden Kanadas wurden 6 Milizbataillone formiert, das 6. Bataillon bezog die Garnison in Quebec. Anno 1813 erhielt es die Abzeichenfarbe Schwarz, die Regimental Colour entspricht den britischen Bestimmungen von 1768, sie zeigt das St. Georgskreuz auf dem in diesem Fall schwarzen Blatt. Die Abzeichenfarben der anderen Bataillone: 1. blau, 2. hellgrün, 3. gelb, 4. dunkelgrün, 5. schwarz.
Maße: Länge 195 cm, Breite 180 cm.

298.—299. USA: Infanteriefahnen

Von 1796 an wurden den Infanterieregimentern der US-Armee je eine blaue Nationalfahne und eine weiße oder gelbe Regimentsfahne übergeben. Die beiden Illustrationen zeigen, daß Nationalfahnen damals noch keinem einheitlichen Muster folgten. (Siehe auch die Umschlagzeichnung rechts oben, die erste Nationalfahne der Armee, 1787—1791.) Laut Angaben soll die Fahne des 2. Infanterieregiments (**298**) in Fort Bowyer den Briten ausgeliefert worden sein. Die Regimentsfahne war weiß und trug auf dreiteiligem hellblauen goldgesäumtem Schriftband in Goldlettern die Bezeichnung: REGIMENT OF / THE SECOND / US

INFANTRY. Das 4. Regiment wurde 1796 aufgestellt, seine Nationalfahne (299) wurde vermutlich in Fort Detroit erbeutet. Die weiße Regimentsfahne wich etwas vom üblichen Muster ab, auf dem zweiteiligen hellblauen Schriftband stand in schwarzen Lettern FOURTH REGIMENT OF INFANTRY, darüber in der Mitte US in einem grünen Kranz.

300. USA: 68th James City Light Infantry

Die Fahne dieser Milizformation erscheint als eine Verbindung der National- und der Regimentsfahnen der regulären Truppen. Die Reverseite zeigt eine behelmte weibliche Figur, die in der Linken eine weiße Fahne mit vier roten Streifen hält. Neben ihrem rechten Fuß ein sitzender Mann, im Hintergrund Sterne und eine Krone. Sterne umrahmen auch als gestürztes U die Figur, unterhalb davon die Regimentsbezeichnung. Am oberen Rand des Blattes ein blaues Schriftband mit VIRGINIA.

301. USA: 1st Harford Light Dragoons

Eine von zwei Fahnen, die wahrscheinlich im August 1814 vom britischen 85th Regiment of Foot in der Schlacht bei Bladensburg, District of Columbia, erbeutet wurden. (Die andere ist als **300** abgebildet.)

302. USA: New York Militia

Diese Fahne erbeuteten die Briten im Oktober 1812 bei Queenston Height, sie trägt das Stadtwappen von New York und auf der Reversseite den Wappenadler der USA.

303. USA: 1st Regiment of Light Artillery

Nationalfahne, 1808—1821 von der Einheit geführt und während des Krieges von 1812 vermutlich im Gefecht. Als »1st« numeriert, weil die Formierung eines 2. Regiments geplant war. Die Inschrift sollte golden sein.

Maße: Länge 207,5 cm, Breite 170 cm.

LATEINAMERIKANISCHE FREIHEITSKRIEGE 1800—1825

304. General Mirandas Fahne

Im August 1809 rebellierte die »Intendencia« (staatliche Verwaltung) von Quito gegen die spanische Oberhoheit, die abgebildete Fahne wehte bei vielen Kämpfen, wahrscheinlich wurde sie bereits am ersten Abend der Revolte entrollt. Den Freiheitshelden General Francisco Antonio Miranda und Simon Bolivar gelang es, im Jahr 1811 die Republik Columbien zu schaffen, beide verwendeten diese Fahne als Feldzeichen für ihre Truppen. Häufig wird sie »Bolivars Fahne« genannt, später wurde sie zur Nationalflagge von Venezuela (1829) und Ecuador (1830), als sich diese Staaten für selbständig erklärten.

305. Argentinien: General Belgranos Fahne

Der Überlieferung nach stammt das Blau und Weiß der argentinischen Flagge von den Uniformfarben des berühmten argentinischen Infanterieregiments »Patricios« her (1806 aufgestellt). Zum erstenmal trat diese Fahne am 3. Juni 1807 in Erscheinung, vermutlich war sie eine Schöpfung des Generals Manuel Belgrano. 1813 wurde die Sonne eingefügt und in dieser Form ist das historische Feldzeichen noch immer die Nationalfahne- und Kriegsflagge Argentiniens.

306. Uruguay: Artigas' Fahne

José Gervasio Artigas beteiligte sich an der Befreiung der »Banda Oriental« (des späteren Uruguay) von den Spaniern, doch dann folgte der Kampf um die Freiheit Argentiniens, damals kam die hier abgebildete erste uruguayanische Fahne auf. Bald nach der Loslösung von Argentinien wurde Uruguay von den portugiesischen Kolonialherren Brasiliens besetzt und 1820 an Brasilien angeschlossen. Erst 1828 erlangte Uruguay seine Unabhängigkeit und während der Phase zwischen 1823 und 1828 führten die Truppen des Landes blau-weiß-rot horizontal getilte Fahnen.

307. Fahne der Anden-Armee

Anno 1817 marschierte General José de San Martin mit einem Heer aus Argentinien über die Anden nach Chile, sein Eingreifen trug wesentlich dazu bei, diesem Land 1818 die Un-

abhängigkeit von Spanien zu erringen. Damit endete ein Befreiungskrieg, der 1810 begonnen hatte. Die dargestellte Fahne wurde von San Martins Armee geführt. Die chilenischen Verbände zeigten ihre erste Fahne am 30. September 1812, sie war horizontal blau-weiß-gelb geteilt. Im Mai 1817 wurden die Farben auf blau-weiß-rot geändert und im September des selben Jahres erfolgten die Bestimmungen für die seither gültige Nationalflagge. Häufig trugen die Fahnen dieses langen Krieges die Devise: »POR LA RAZÓN O LA FUERZA — Für das Recht oder die Macht«, sinngemäß: die Revolutionäre waren entschlossen, ihre Ziele friedlich oder mit Gewalt anzustreben.

308. Peru: General San Martins Fahne

Nachdem General San Martin seiner Heimat Argentinien und Chile die Unabhängigkeit erkämpft hatte, landete er 1820 in Peru, um auch dieses Land zu befreien. Die Abbildung zeigt die damalige Fahne seiner Streitkräfte. Aber in dieser Ausführung konnte sie für die Einheiten der Rebellen mit den verfügbaren Mitteln nicht nachgemacht werden, deshalb wählte man 1822 die vereinfachte Form einer horizontalen rot-weiß-roten Teilung, mit der Sonne aus San Martins Wappen in der Mitte (siehe **305**). Da im Gefecht Verwechslungen mit den rot-gelb-roten Fahnen der Spanier vorkamen (**309**), wurden die Streifen um 90 Grad gedreht. Als 1825 schließlich die Eigenstaatlichkeit errungen war, behielt Peru die vertikale Teilung für seine neue Nationalflagge bei.

309. Spanien: Infanteriefahnen
Bis 1821 entsprachen die Fahnen der spanischen Armee den Mustern aus der Napoleon-Ära (siehe **134** und **277** bis **279**), doch Ende November jenes Jahres kam es zu einer Meuterei, daraufhin wurde dekretiert, daß künftig ein Bronzelöwe (nach dem Vorbild der napoleonischen Adler) samt Fahnenband an der Stange die Fahne ersetzen sollte. Die Revolution endete im August 1823 mit der Schlacht von Trocadero und am 1. Mai 1824 wurden die Fahnen alten Typs wieder eingeführt. Sie standen während des Carlistenkriegs und des Bürgerkriegs in Verwendung. Am 13. Oktober 1843 verfügte die provisorische Regierung, daß die Regimentsfahnen wieder die Farben der Nationalflagge zu zeigen hätten: rot-gelb-rot mit dem königlichen Wappen in der Mitte und der Regiments- sowie der Bataillonsnummer in Schwarz. Durch ein Dekret aus dem Dezember 1843 wurde das Burgunderkreuz eingefügt, gleichzeitig wurde Gold- und Silberstickerei für das Wappen verboten. Diese Bestimmungen waren für alle Truppen bindend, nur die Dimensionen der Fahnen und Standarten variierten.

Maße: (Infanterie) ca. 140 cm im Quadrat.

MEXIKANISCHE KRIEGE   1810—1848

310. Miguel Hidalgos Banner
Der streitbare Priester Padre Miguel Hidalgo y Castillo entrollte sein Banner — bekannt als die Fahne der »Nuestra Señora de Guadalupe« — am 16. September 1810. Damit begann in Mexiko die Erhebung gegen die spanische Herrschaft. Die Flügel des Engels zu Füßen Mariens zeigen bereits die späteren mexikanischen Nationalfarben grün-weiß-rot.

311. José María Morelos' Banner
Hidalgo wurde 1811 hingerichtet, aber an seine Stelle trat ein anderer Priester, Padre José María Morelos y Pavón. Er führte ein weißes Banner mit dem Bild des Schlangenadlers, der auf die Zeiten der Azteken zurückgeht, und einer Bordüre in den Farben von Montezumas Kaisergeschlecht. Auf Truppenfahnen erschien der Schlangenadler in Mexiko erstmals anno 1550, bei der Eroberung Floridas.

312. General Iturbides Fahne
General Agustín Iturbide, später kurze Zeit glückloser Kaiser von Mexiko, wurde vom Vizekönig zur Niederwerfung der Revolution eingesetzt, doch 1820 schloß er sich den Aufständischen an und 1821 erlangte die neue geeinte Nation von Spaniern, Indios und Mestizen schließlich die Unabhängigkeit. Die Farben

des Fahnenblattes, grün, weiß und rot, werden symbolisch gedeutet: Unabhängigkeit, Reinheit und Spanien. Die Inschrift des Mittelmedaillons sollte golden sein. Lt. Annahme wurden Fahnen dieses Typs etwa vom April 1821 bis zur Unabhängigkeitserklärung im September des selben Jahres geführt.

313. Texanische Fahne von 1835

1835 übernahmen die Texaner die mexikanische Tricolore, fügten aber statt des Schlangenadlers die Jahreszahl 1824 ein, als Mexiko zu einer unabhängigen Bundesrepublik wurde. Vermutlich wehte diese Fahne in der Schlacht bei Fort Alamo, während der texanischen Freiheitskämpfe. 1836 wählte Texas die »Bonnie Blue Flag« (siehe 359, die frühe Form könnte einen Goldstern und Fransen gezeigt haben). Doch 1839 wurde die auf Abb. 358 dargestellte Flagge eingeführt.

314. USA: New Orleans Greys

Im November 1835 wurden in New Orleans zwei Freiwilligenkompanien zum Kampf für Texas aufgestellt. Bei der Ankunft in Texas erhielten sie die gezeigte Fahne. Ein Teil der »Greys« focht bei Alamo, die übrigen wurden am 27. März 1836 in Goliad gefangengenommen und größtenteils massakriert. Der Adlerkopf der das Ende des Schriftbandes im Schnabel hält, sollte unterhalb der Sonne erscheinen.

315. USA: Newport Rifles

Zweiundfünfzig Freiwillige für Texas sammelten sich gegen Ende des Jahres 1835 in Newport, Kentucky. Am Vorabend ihres Abmarsches wurde ein Ball veranstaltet und eine junge Dame überreichte ihnen einen langen Glacéhandschuh, der fortan als Talisman an der Fahnenstange getragen wurde. Die Newport Riffles trafen im Jänner 1836 in Texas ein und nahmen im Verband des 1. Regiments an der Schlacht bei San Jacinto teil. Ihre Fahne war das einzige auf texanischer Seite mitgeführte Feldzeichen und erhielt den Ehrennamen »Schlachtbanner von San Jacinto«.

KRIMKRIEG 1853—1856

316. Rußland: Infanteriefahnen

Unter Zar Nikolaus I. (1825—1855) führte jedes Infanteriebataillon eine Fahne nach einheitlichem hier illustriertem Muster. St. Georgsfahnen wurden Regimentern verliehen, die sich im Kampf ausgezeichnet hatten. Sie trugen an den äußeren Rändern des Kreuzes auf dem Blatt Inschriften in Goldlettern und an der Fahnenspitze statt des sonst üblichen Zarenadlers das weiß emaillierte Kreuz des St. Georgsordens. Alle Garderegimenter hatten St. Georgsfahnen. Das Kreuz auf dem Fahnenblatt war für Linienregimenter grün, für Garde gelb. Bei der Linie waren die Keile weiß, bei der Garde meist geteilt: Preobraschenski rot-weiß; Semenowski hellblau-weiß; Ismailowski weiß; Jegerski (Jäger) grün-weiß; Grenadiere hellblau-schwarz; Pawlow weiß-schwarz; Finnland grün-schwarz; Litauen rot-grün; Wolhynien grün. Für Liniengrenadiere und Carabiniers folgende Keilfarben: 1. Division rot-weiß; 2. rot-schwarz; 3. rot-gelb. Auf den Fahnen der Carabiniers war zudem das Kreuz durch einen 4 cm breiten gelben Trennstreifen von den Keilen abgesetzt.

Maße: 140 cm im Quadrat.

317. Rußland: Kasaner Jäger

Auch bei den Jägerregimentern diente ein Trennstreifen zwischen Kreuz und Keilen zur Kennzeichnung: hellblau für das 1. und rot für das 2. Regiment jeder Division. Die abgebildete Fahne weist außerdem ein hellblaues Datumsband »1700—1850« auf, das allen Regimentern verliehen wurde, die seit hundert oder mehr Jahren bestanden, zusammen mit einem 70 cm langen »Säkularband«, hellblau für Garde, rot für Linientruppen, darauf die Monogramme des kaiserlichen Regimentsgründers und des Herrschers, der das Säkularband verliehen hatte, sowie Namen und Ehrentitel des Truppenteils.

Maße: 140 cm im Quadrat.

318. Rußland: Odessa-Ulanen

Die Standarten der Kavallerieregimenter stimmten im Stil überein, grün für die Linie, gelb für die Gar-

de. Zarenadler, Stickerei, Umrahmung und Fransen in der jeweiligen Knopffarbe. Die Eckfelder der Umrahmung in der Regimentsfarbe. Bei der Garde: Chevalier-Garde, Gardes à Cheval und Gardeulanen des Zarewitsch gelb, Gardekürassiere des Zaren und Gardeulanen blau, Gardegrenadiere zu Pferd grün, Gardehusaren rot.

Maße: Länge 60 cm, Breite 52,5 cm.

319. Rußland: Achtirski-Husaren

St.-Georgs-Standarte für Linienkavallerie mit Datumsband. Dazu rotes Säkularband mit Inschrift in Goldlettern. Dafür galten die selben Bestimmungen wie bei der Infanterie (siehe 317).

Maße: Länge 60 cm, Breite 52,5 cm.

320. Rußland: Banner des Asow-Kosakenheeres

Unter Zar Nikolaus I. wurden die Kosaken in Regimenter und regional in größere Verbände — »Heere« — organisiert. Im Jahr 1844 erhielt das Asow-Heer das abgebildete Banner. Ein ähnliches, aber mit Jubiläumsband, war dem Schwarzmeer-Heer 1843 übergeben worden.

Maße: 195 cm im Quadrat.

321. Rußland: 1. Regiment des Schwarzmeer-Kosakenheeres

Einzelne Regimenter innerhalb eines Kosakenheeres führten Banner des dargestellten Typus. Auf der Reversseite statt des Kreuzes der Zarenadler. Auch in diesem Fall gab es St. Georgsfahnen und eine solche ist hier illustriert. Andere Regimenter

(5., 6. und 8.) scheinen ähnliche Banner geführt zu haben, das Dunaiski-Regiment des Asow-Heeres hatte ein gleichartiges, auch in den selben Farben.
Maße: 167,5 cm im Quadrat.

322. Britannien: 1. Bataillon, Coldstream Guards

1844 wurden neue Bestimmungen für Infanteriefahnen erlassen. Die Hauptpunkte: Regimenter mit »Royal« —, Grafschafts- oder anderen Titeln sollten diese als Umschrift auf einem roten scheibenförmigen Emblem zeigen, das in der Mitte die Regimentsnummer in römischen Ziffern trägt und von einem Unionskranz (Rosen, Disteln und Kleeblättern) umgeben ist. Alle Abzeichen, Battle Honours etc., bis dahin auf beiden Fahnen, ab nun nur mehr auf der Regimental Colour.

Die Gardeinfanterie hatte sich nach wie vor an die im 17. Jahrhundert festgelegten Richtlinien gehalten und führte noch immer eine Fahne pro Kompanie, allerdings wurden meist je Bataillon nur zwei Fahnen ins Feld mitgenommen. Doch im Jahr 1834 wurden die Obersten-, Oberstleutnants- und Majorsfahnen zu den 1. Fahnen — King's Colours — des 1., 2. und 3. Bataillons. Die Hauptmannsfahnen waren als 2. Fahnen — Regimental Colours — der Bataillone eingeteilt und die bisherigen Kompanieabzeichen schienen der Reihe nach jeweils auf den neuen Fahnen auf. Dieses System blieb bis heute gültig. Abgebildet ist die King's Colour des 1. Bataillons der Coldstream Guards mit dem Abzeichen der 15. Kompanie. Sie kam auf der Krim ins Gefecht, später wurden die Battle Honours »Alma«, »Inkerman« und »Sevastopol« angebracht (unter »Waterloo«).
Maße: Länge 195 cm, Breite 180 cm.

323. Britannien: 4th Dragoon Guards

Durch einen Befehl aus dem Jahr 1834 wurden bei der gesamten leichten Kavallerie die Standarten abgeschafft und die Vorschrift von 1844 bestimmt, daß Dragoon Guards — die trotz dieses Namens *nicht* zu den Gardetruppen zählten! — künftig rechteckige statt guidonförmige Standarten zu führen hätten. Battle Honours sollte nur die Regimentsstandarte aufweisen. Die der 4th Royal Irish Dragoon Guards, um 1830, zeigte die hier wiedergegebene Gestaltung. (Der Stern des St.-Patrick-Ordens wurde erst 1838, bei der Ausgabe neuer Standarten, offiziell genehmigt.) Die 1. oder Königsstandarte war aus karminrotem Damast mit dem gekrönten Unions-Emblem (Rose, Distel und Kleeblatt aus einem Stengel) in der Mitte. Darunter das Schriftband »Peninsula« und in den Ecken die Abzeichen wie auf der Illustration. Fransen golden-karmin.
Maße: Länge 102,5 cm, Breite 67,5 cm.

324. Britannien: 55th Regiment of Foot

Regimental Colour des 55th Westmoreland Regiment, 1850 übergeben und in der Schlacht bei Alma im Gefecht. Der Kranz ist wegen seiner ungewöhnlich schönen Ausführung bemerkenswert. Das Erinnerungsabzeichen des chinesischen Drachens samt Schriftband wurde dem Regiment für seine Dienste im Chinakrieg von 1842 verliehen.

Maße: Länge 195 cm, Breite 180 cm.

325. Britannien: 57th Regiment of Foot

Regimental Colour, 1853 übergeben, im Krimkrieg geführt und 1867 abgelegt. Hier noch ohne die später eingefügten Battle Honours »Inkerman« und »Sevastopol«.

Maße: 1855 verringert auf Länge 180 cm, Breite 165 cm.

1858 neuerlich verringert auf Länge 120 cm, Breite 105 cm.

Im Jahr 1858 wurde die lanzenförmige Spitze durch den »Royal Crest« ersetzt, den Löwen von England auf der Königskrone. Und im Juli 1859 erging die Bestimmung, die Infanteriefahnen mit Fransen zu säumen: für die Queen's Colour karmin und golden, für die Regimental Colour golden und Abzeichenfarbe des Regiments.

326. Frankreich: Infanteriefahnen

Am 5. März 1848 proklamierte die Regierung der 2. Republik, daß die Fahnen ihrer Armee auf blau-weiß-roter Trikolore die Devise LIBERTÉ, EGALITÉ, FRATERNITÉ zu zeigen hätten. Nach dem Staatsstreich vom 2. Dezember 1851 wurde das Zweite Kaiserreich errichtet und 1852 erlangte Louis Napoleon die Kaiserwürde. Als Präsident hatte er die Rückkehr zum Stil des Ersten Kaiserreichs und die Wiedereinführung der Adler gebilligt. Dargestellt ist das Muster für alle französischen Infanteriefahnen jener Zeit und auch des Krimkriegs. Napoleon III. übergab am 10. Mai 1852 in Paris den Regimentern neue Adler. Die Kavalleriestandarten entsprachen im Prinzip den Fahnen.

Maße: Infanterie wahrscheinlich 120 cm im Quadrat, Kavallerie 55 cm im Quadrat.

327. Sardinien: Königliches Regiment Piemont

Vor 1848 hatten die sardinischen Truppen Fahnen nach dem Wappen des Hauses Savoyen, mit dem durchlaufenden weißen Kreuz im roten Feld, doch ab dem 30. Juni 1848, nach den ersten Siegen im Kampf um die Einigung Italiens, wurde die grün-weiß-rote Trikolore eingeführt — die spätere Nationalflagge des Königreichs Italien.

KAMPF UM DIE EINIGUNG ITALIENS 1831—1871

328.—329. Österreich: Leibfahnen für Infanterie

Avers (**328**) und Revers (**329**) der Leibfahne Muster 1859. Die Aversseite der Bataillonsfahne von 1856 zeigte auf gelbem Blatt den Doppeladler mit gewissen Abweichungen der Orden um den Brustschild und der Form der Schwingen sowie des Stoßes. (Diese Fahne entsprach dem Muster 1836, nur war sie nicht gemalt, sondern gewebt.) Eskadronsstandarten des Musters 1856 waren ebenfalls gelb, auf den Schwingen des Doppeladlers waren keine Wappen aufgelegt und es gab kleine Verschiedenheiten der Anordnung der Orden um den Brustschild.

Maße: Infanterie Länge 180 cm, Breite 140 cm. Kavallerie ca. Länge 70 cm, Breite 63 cm.

330. Herzogtum Parma: 1. Infanteriebataillon

In Parma (das damals Napoleons Witwe, Marie Louise, die Tochter Kaiser Franz' I. regierte), Modena und dem Kirchenstaat kam es 1831 zu nationalen Volksaufständen, die Interventionen Österreichs bewirkten. Die dargestellte Fahne stammt von ca. 1853, sie zeigt das Wappen des Herzogtums in der Zackenbordüre nach österreichischer Art. Das Band war blau mit Goldquasten, Schnurbanderole und Spitze golden.

331. Königreich Beide Sizilien: 12. Infanterieregiment

Nach dem Stand von 1852. Das 12. Infanterieregiment garnisonierte in Messina. Als Mittelemblem das Kreuz des sizilianischen Konstantin-Ordens. Die Fahnenspitze war golden und trug ein doppeltes Fahnenband aus weißer Seide mit Goldstickerei.

332.—333. Kirchenstaat: Kavalleriestandarten

Die Standarte der im Juli 1815 formierten päpstlichen Carabinieri (**332**) zeigte über dem Wappen das allgemeine Symbol des Pontifex Maximus, die Tiara und die gekreuzten Schlüssel Petri. Das Regiment wurde 1831 nach politischen Unruhen gegen den Papst aufgelöst, aber bald wieder aufgestellt, überlebte den Zerfall des Kirchenstaates und bildete als Abteilung von »Gendarmi« bis 1971 einen der Wachkörper des Vatikans. Die Standarte der päpstlichen Dragoner trägt das Wappen Pius' IX., den die Eingliederung Roms in das geeinte Königreich Italien 1871 zum »Gefangenen im Vatikan« machte.

SEZESSIONSKRIEG 1861—1865

334. USA: Nationalfahne für Infanterie

Gemäß den Bestimmungen von 1841 führte jedes Infanterieregiment der Unionsarmee eine Nationalfahne und eine Regimentsfahne. Die Nationalfahne war das Sternenbanner, bei Kriegsausbruch zeigte es 33 Sterne, ein 34. (für Kansas) wurde drei Monate später eingefügt. Andererseits fielen die Sterne der sezedierenden Staaten nicht weg, so daß es bei

Kriegsende insgesamt 35 waren (West Virginia hatte sich 1863 der Union angeschlossen). Da die Richtlinien nicht ganz eindeutig lauteten, variierte die Anordnung beträchtlich, ebenso die Farben und die Formen. Im allgemeinen waren die Sterne weiß oder silbern, doch kamen auch goldene vor, außer den üblichen fünfzackigen gab es vereinzelt sechs- und sogar siebenzackige. Während des Krieges schienen sie meist in Ovalen oder Reihen auf. Der mittlere rote Streifen trug die Regimentsbezeichnung, im Verlauf der Operationen wurden auf den anderen Streifen »Battle Honours« angebracht, siehe **344**. Die Fahnenstange hatte eine Lanzenspitze, die Schnurbanderole war weiß-blau.

Maße: Länge 195 cm, Breite 180 cm.

335. USA: Regimentsstandarte für Kavallerie

Die Unionskavallerie führte pro Regiment eine Standarte des abgebildeten Musters, das bis 1895 in Geltung blieb.

Maße: Länge 72,5 cm, Breite 67,5 cm.

Infanterie-Regimentsfahnen waren im Stil gleich, aber so groß wie die Nationalfahne. Freiwilligenregimenter führten statt dessen oft die Flagge ihres Heimatstaates.

336.—337. Artilleriefeldzeichen

336 zeigt die Regimentsstandarte der Artillerie. Die Nationalstandarte war eigentlich eine Fahne, sie entsprach im Aussehen und in den Maßen dem Infanteriemuster (**334**). Die Regi-

mentsnummer stand auf dem rechten Teil des Schriftbandes. Bis 1886 blieb Gelb die Farbe des Standartenblattes der Artillerie, dann wurde sie auf Rot geändert. (1887 ging die Kavallerie zu gelben Regimentsstandarten über und erhielt gleichzeitig auch Nationalfahnen, die aber erst nach neuerlicher Verfügung ab 1895 geführt wurden.) Jede Batterie hatte einen Wimpel mit Regiments- und Batterienummer (**337**).

338.—339. USA: Kavallerie-Wimpel

Nach den Bestimmungen von 1834 führte jede Kavallerie-Schwadron einen Wimpel mit ihrem Buchstaben (da die Schwadronen keine Nummern hatten) (**338**). Dieses Muster wurde 1863 durch ein neues ersetzt (**339**). Doch bereits 1865 trat diese Vorschrift außer Kraft und die Truppe bekam wieder rot-weiße Wimpel.

Maße: Länge 102,5 cm (37,5 cm bis zum Spalt), Breite 67,5 cm.

340.—343. USA: Kommandofahnen

Die meisten Großverbände hatten eigene Fahnen, wie z. B. das XXIII. Korps (**340**, in der Gestaltung überraschend modern, könnte aus dem II. Weltkrieg stammen! Anm. d. Übers.) Auch die Armee-Hauptquartiere folgten dieser inoffiziellen Gepflogenheit, **341** zeigt die Kommandofahne der Potomac-Armee. Ebenso verwendeten Generale persönliche Fahnen oder Wimpel zur Kennzeichnung ihrer Position auf dem Schlachtfeld, besonders bei der Kavallerie, die im Nahkampf zu Pferd solche Signale brauchte. Sehr bekannt wurden die Wimpel der Generale Sheridan (**342**) und Custer (**343**). Custer führte diesen Wimpel — seinem sehr individualistischen Stil gemäß schon eher eine Standarte — vom Oktober 1863 bis zum Juni 1864 als Kommandeur der 2nd (Michigan) Brigade, Sheridan den seinen 1864/65 als Kommandeur der Shenandoa-Armee und des Kavalleriekorps der Potomac-Armee.

344. USA: 3rd Regiment New Jersey Volunteers

Nationalfahne nach dem Muster für reguläre Truppen, aber davon abweichend das Wappen des Staates New Jersey. Neben »1st Fredericksburg« standen vielleicht eine oder zwei Battle Honours, dieser Teil der Fahne wurde ohne Erneuerung der Inschrift restauriert.
Maße: Länge 152 cm, Breite 143 cm.

345. USA: 3rd New Jersey Cavalry

Staats- oder Regimentsstandarte, ebenfalls mit dem Wappen von New Jersey. Die »Butterfly Boys«, eine der Schwadronen des Regiments, hatten eine eigene Fantasiestandarte: dunkelblau mit Goldfransen, auf dem Blatt ein großer Schmetterling in Braun und Schwarz mit weiß geränderten Flügeln.
Maße: Länge 152 cm, Breite 122 cm.

346.—348. CSA (Confederate States of Amerika): National-flaggen

Die Nationalflagge der Konföderierten Staaten wurde von den Truppen als Nationalfahne geführt, wie bei der Union das Sternenbanner. Die erste Nationalflagge (**346**) datierte vom 4. März 1861, sie zeigte einen Stern für jeden Staat der Konföderation, im Lauf der Zeit erhöhte sich die Zahl bis auf dreizehn. Der Name oder die Nummer des Regiments war auf dem weißen Mittelstreifen angebracht.
Maße: ca. Länge 90 cm, Breite 60 cm.

Diese Flagge erhielt bald den Ehrennamen »Stars and Bars« (Sterne und Balken), aber sie war im Gefecht nicht deutlich genug sichtbar und wurde am 1. Mai 1863 durch eine Neugestaltung abgelöst, das »Stainless Banner« (fleckenloses Banner) (**347**).
Maße: ca. Länge 90 cm, Breite 45 cm.

Doch diese Version war wiederum zu leicht mit einer weißen Fahne zu verwechseln, wenn sie schlaff herabhing. Deshalb wurde am 4. März 1865 die dritte Nationalflagge eingeführt (**348**). Sie kam nicht mehr ins Feld, mochte aber kurze Zeit, bis zur Niederlage, in Richmond, Virginia, der Hauptstadt der Konföderierten gehißt worden sein.
Maße: Länge 90 cm, Breite 60 cm.

349. CSA: Kriegsbanner

Seit September 1861 inoffiziell als Schlachtenbanner der Armee in Verwendung, wurde aber niemals, wie oft irrig angenommen, zur offiziellen Nationalflagge. Dieses, ihr heute bekanntestes Symbol führten die Südstaatler bis zur Kapitulation. Varianten zeigten 13 oder 17 Sterne, bei manchen war das Blatt weiß statt rot.

Auch gab es die Version einer blauen Fahne mit weißem Kreuz ohne Sterne (Truppen aus Arkansas). Die Nummer oder der Name des Regiments wurde unter dem Kreuz angebracht, und auf den anderen Teilen des Blattes fügte man häufig Battle Honours ein.

Maße: 127,5 cm im Quadrat, doch Größen bis zu 180 cm im Quadrat authentisch belegt.

350.—351. Kavallerie-Wimpel

Zwei Typen von Kompanie (!)-Wimpeln der konföderierten Kavallerieregimenter. **350** basiert auf der ersten Nationalflagge, **351** auf dem Kriegsbanner. Dieses wurde auch als Regimentsstandarte geführt (Maße: 75 cm im Quadrat). Nach dem selben System trat die texanische Staatsflagge (**358**) bei der Kavallerie in Erscheinung: rechteckig als Regimentsstandarte und in der Guidon-Form als Kompaniewimpel.

Maße (für Wimpel): Länge 102,5 cm (37,5 cm bis zum Spalt), Breite 67,5 cm.

352.—353. CSA: Artillerie-Standarten

Dargestellt sind zwei individuelle Ausführungen, für »Stuart's Horse Artillery« (**352**) und für die »Washington Artillery of New Orleans« (**353**). Diese Standarte zeigt das Staatsemblem von Louisiana, den Pelikan mit seinen Jungen. Einzelheiten der Schriftbänder sind ungewiß, vermutlich trug das obere die Kompaniebezeichnung und den Namen des Kommandeurs, das untere

die lateinische Regimentsdevise. Reversseite: ein blaues Schrägkreuz auf rotem Feld. Die meisten Artillerieeinheiten führten als Standarte das Kriegsbanner.

Maße: ca. 90 cm im Quadrat.

354.—361. CSA: Staatsflaggen

Die Bestimmungen sahen für die Infanterieregimenter der Südstaaten-Armee nur je eine Fahne vor, aber in der Praxis scheinen viele Truppenteile die Nationalfahne und ihre Staatsflagge besessen zu haben. South Carolina hatte bis zu seinem Austritt aus der Union am 20. Dezember 1861 die auf Abb. **354** dargestellte Staatsflagge. Später führten die Regimenter aus South Carolina die neue Flagge (**355**). **356** veranschaulicht die Flagge für die Einheiten North Carolinas, auf dem weißen Feld befand sich häufig die Regimentsbzeichnung. **357** zeigt eine Sonderform, die Fahne der »Florida Independent Blues Company«, nach einer Regelung, die für andere Truppen aus Florida nicht galt. **358** ist die Staatsflagge von Texas, am 25. Januar 1839 eingeführt und bei den meisten texanischen Regimentern, einschließlich der Kavallerie, in Verwendung. Daneben gab es die ebenso berühmte »Bonnie Blue Flag« von Texas (**359**) aus dem Jahr 1836. Und schließlich die Staatsflaggen von Louisiana (**360**) und von Virginia (**360**). Die Devise auf Abb. **360** ist jene der Staatsflagge, auf den Regimentsfahnen war sie lateinisch, aber vermutlich dem Sinn nach gleich: Einheit, Recht und Zuversicht.

362. Österreich: Leibstandarte für Kavallerie

Von 1768 bis 1867 bei den Kürassier- und Dragonerregimentern geführt. Hier das Avers. Das Revers zeigte den Doppeladler.

Maße: (annähernd) Länge 70 cm, Breite 63 cm.

363. Preußen: Gardegrenadier-regimenter

Muster 1860 für Gardegrenadiere, geführt vom 1. und 2. Regiment und den (III.) Füsilierbataillonen der Regimenter Elisabeth und Augusta. Die preußische Armee wurde im Jahr 1860 reorganisiert, viele Fahnen aus jener Epoche zeigen noch die Namenszüge Friedrich Wilhelms III. und Friedrich Wilhelms IV., obwohl damals bereits König Wilhelm I. regierte.

Maße: Länge 140 cm, Breite 120 cm.

364. Preußen: Infanteriefahnen

Die abgebildete Ordinärfahne führten Bataillone der Linieninfanterie von 1828—1881. (Bemerkenswert die Form des Kreuzes, zum Unterschied von anderen preußischen Fahnen enden die weißen Eckfelder deutlich am Rand der Balken und nicht als Keile in einem imaginären Kreuzungspunkt hinter dem Mittelemblem.) Bei den Einheiten, denen aus Traditionsgründen der Ehrentitel für die Verteidigung der Festung Kolberg zuerkannt war (die Grenadier-regimenter Nr. 8 und 9) befand sich am unteren Rand des Mittelemblems ein golden eingefaßtes hellblaues Oval mit der goldenen Inschrift »KOLBERG 1807«.

Maße: Länge 140 cm, Breite 120 cm.

365. Preußen: Kavalleriestandarten

Dargestellt ist das ab 1860 ausgegebene Grundmuster der Kavallerie-standarten, von folgenden Regimentern geführt: Dragoner Nr. 5—Nr. 8: 1861—1918; Dragoner Nr. 9—Nr. 16: 1867—1918; Husaren Nr. 13—Nr. 16: 1867—1918; Ulanen Nr. 9—Nr. 12: 1861—1918; Ulanen Nr. 13—Nr. 16: 1867—1918.

366. Frankreich: Fahne der bretonischen Matrosen

Während jener Zeit hatten die französischen Regimenter noch dieselben Fahnen wie im Krimkrieg (siehe **326**). Das gezeigte Objekt hingegen weicht von jeglicher Norm ab, es war das Feldzeichen von 14 000 bretonischen Matrosen, die während des Krieges 1870/71 zur Verteidigung von Paris aufgeboten wurden. Zum erstenmal erschien der Hermelin des Wappens der Bretagne als Symbol dieses Landes und nicht in rein heraldischer Form (für ein Herzogswappen oder Banner). Nach der Abdankung Napoleons III. am 22. Oktober 1870 wurden diese Einheiten »Bretonische Armee« und später »Streitkräfte der Bretagne« genannt.

367. Frankreich: Elsässische Irreguläre

Diese Fahne übergaben die elsässischen Irregulären, als sie während des Deutsch-Französischen Kriegs interniert wurden. Die Rose stammt aus dem Wappen der elsässischen Stadt Hagenau, sie geht auf das 14. Jahrhundert zurück.

Im März 1871 wurden die bisherigen Fahnen der französischen Armee abgeschafft. Nach den Bestimmungen vom 5. Juli und 5. August des selben Jahres blieben die Maße unverändert, doch fielen die Fransen, die Cravate und alle Symbole des Kaiserreiches weg, somit wurde der Adler durch eine Lanzenspitze ersetzt. Dieses Muster entsprach daher im Prinzip dem auf Abb. **326** dargestellten, aber ohne die Eckembleme. Im Jahr 1879 wurden die Dimensionen auf 90 cm im Quadrat ohne Fransen für Infanterie und auf 64 cm

im Quadrat für Kavallerie vermindert, pro Regiment 1 Fahne bzw. Standarte. Am 14. Juli 1880 wurde das auf Fig. 22 gezeigte Muster eingeführt, das bis heute gültig blieb.

Fig. 22

Die Aversseite trägt die Bezeichnung des Regiments und die Inschrift REPUBLIQUE FRANCAISE quer über die Mitte des Blattes.

GRÜNDERZEIT UND KOLONIALKRIEGE   1870—1900

368. Deutsches Reich: III. Seebataillon

Die deutschen Seebataillone gingen aus dem preußischen Marinekorps von 1850 hervor. Das III. Bataillon wurde im Juni 1898 in Tsingtau aufgestellt und war in Kiautschau in Garnison. Detachments dieser Einheit nahmen während des Boxeraufstands an der Verteidigung Pekings teil. Bis auf die Nummer unter dem kaiserlichen Namenszug in den Eckmedaillons waren die Fahnen aller

drei Bataillone gleich. Kompanien des I. und des II. Bataillons (1889 aus einer seit 1852 bestehenden Stammtruppe formiert) kämpften ebenfalls in China und 1904 während des Herero-Aufstands in Südwestafrika.

369. Deutsches Reich: Bayerische Infanteriefahnen

1841 führte König Ludwig I. für die Infanterie ein neues, gleichseitiges Muster ein. Die abgebildete Fahne

158

stammt aus den neunziger Jahren, entspricht aber im Prinzip diesem Muster 1841, nur war während der Regierungszeit Ludwigs II. (1864 bis 1886) der königliche Namenszug in den Ecken von einem grünen Eichenlaubkranz umgeben. Zwischen 1866 und 1871 führten die bayerischen Kürassiere eine weiße Leibstandarte mit Goldstickerei, und zwischen die Initialen MJK im Lorbeerkranz. Eine Ordinärstandarte wurde der Truppe übergeben, doch nicht ins Feld mitgenommen und 1872 eingezogen.

370. Deutsches Reich: Oldenburgische Infanteriefahne

Muster für das Infanterieregiment Nr. 91 (Oldenburgisches) des deutschen Reichsheeres aus den neunziger Jahren.

371. Rußland: Infanteriefahnen 1857

Grundmuster für Grenadier- und Linieninfanterieregimenter, 1857 ausgegeben. Die Inschriften auf den äußeren Rändern des Kreuzes, Schlachtennamen, zeigen an, daß es sich um eine St. Georgsfahne handelt. Das dargestellte Objekt, eine Fahne des 34. Regiments Sewski, ist auch mit einem Säkularband versehen. Die meisten Grenadier- und Linienregimenter scheinen dunkelgrüne Fahnen geführt zu haben, die Schützen hingegen hatten erdbeerrote. Jedes Regiment führte auch eine weiße Leibfahne.

372. Rußland: Infanteriefahnen 1883

Reversseite des Musters 1883 für Linieninfanterie, hier die Fahne des

19. Regiments Kostromski. Die Bordürentressen waren in der Knopffarbe des Regiments, die Bordüre selbst und das Blatt in der jeweiligen Regimentsfarbe. Die innere, an Volkskunst gemahnende gestickte Bordüre hatte die Farbe des Blattes, doch auf weißem Grund, wie in diesem Fall, war sie rot. Die Aversseite trug auf der inneren Bordüre zyrillische Inschriften und in den Eckfeldern stilisierte Knotenmotive wie auf Abb. 373 zu sehen. In der Mitte die Gestalten zweier Heiliger über denen aus einer Wolke der halbe Leib eines dritten Heiligen erscheint. Äußere Bordüre wie auf dem Revers. Beispiel eines betont russisch-nationalen Stils.

373. Rußland: Ural-Kosakenheer

Dieses Banner des Ural-Kosakenheeres, am 5. Juni 1884 übergeben, folgt im Prinzip dem Infanteriemuster. Das Kuban-Kosakenheer hatte ein gleichartiges Banner, aber mit anderer Heiligenfigur.

374. Afrika: Banner des Bey von Tunis

In der Mitte der »Dzulfakar«, das legendäre Doppelklingenschwert von Mohammeds Schwiegersohn Ali, umgeben von den traditionellen islamischen Symbolen Halbmond und Stern. Der Bey regierte unter der Oberhoheit des osmanischen Sultans, hatte aber weitreichende Autonomie, bis Tunis 1881 zum französischen Protektorat wurde. Zu Ende des 19. Jahrhunderts standen dort französische Besatzungstruppen in der Stärke von ca. 20 000 Mann und eine Eingeborenen-»Armee« von etwa 600 Mann.

375. Afrika: Tunesische Fahne

Eine von mehreren Fahnen, welche die französische Marineinfanterie 1881 erbeutete. Der Stangenteil war aus blauem Stoff.

Maße: Länge 185 cm, Breite 115 cm.

Die anderen zeigten die gleiche Teilung, aber in verschiedenen Farben: gelb-violett-gelb, Stangenteil rot; grün-violett-grün, Stangenteil gelb; grün-rot-grün, Stangenteil rot.

376. China: Generalswimpel

Persönliches Würdezeichen des chinesischen Generals Ta-chan, am 12. März 1884 von den Franzosen in Bac-ninh (Tonking) erbeutet. Es befand sich über einem großen quadratischen Banner aus rotem Baumwollgewebe mit schwarzer Einfassung und schwarzen chinesischen Schriftzeichen im Mittelfeld. Ähnliche Wimpel wurden 1883 und in Tonking 1884 erbeutet, entweder aus Baumwoll- oder aus Wollstoff und alle mit chinesischen Inschriften. Manche waren dreieckig, z. B. die der Artillerie.

377. Afrika: Sudanesische Fahne

Während des ersten Sudan-Feldzugs in der Schlacht von Tamai am 13. März 1884 den Kriegern Osman Dignas abgenommen. (Nach einem Gemälde von G. D. Giles.)

378. Dahomey: Banner des Königs Behanzin

Am 18. November 1892 in Abomey, der Hauptstadt des Königreichs Dahomey aufgefunden, nach der Flucht des Herrschers vor dem französischen Expeditionskorps, das seine Residenz am 17. März besetzte. Portugiesische Inschrift »Rei Behanzin de Dahomey«.

379. Afrika: Fahne des Mahdi

Den Angaben nach die Fahne, die Mohammed Achmed, genannt Mahdi (der von Gott Geleitete), während seines »Dschihad« (Glaubenskrieges) 1881—85 in den Kampf trug. Jeder seiner fünf Unterführer, hatte eine ähnliche Fahne, in den Farben schwarz, weiß, rot, grün oder gelb. Die Inschrift war gleichlautend mit jener der Mahdi-Fahne: »Kein Gott außer Gott. Mohammed ist der Abgesandte Gottes. Sieg von Gott und baldige Eroberung. Mohammed al-Mahdi ist der Stellvertreter des Abgesandten Gottes.« Die abgebildete Fahne war möglicherweise längsseits befestigt.

380. Transvaal: Krügersdorp-Freiwilligenkorps

Im Gefecht führten die Buren keine Fahnen, aber manche Einheiten besaßen welche, wie hier das Freiwilligenkorps von Krügersdorp. Die Truppenfahnen des Freistaates Transvaal waren praktisch gleich, bis auf geringe Abweichungen beim Wagen im unteren Wappenfeld.

381.—385. Indien: Infanteriefahnen
Im Jahr 1858 übernahm die britische
Krone von der East India Company
die Verwaltung Indiens und damit
auch die Oberhoheit über die indischen Streitkräfte. Seit jenem Zeitpunkt richteten sich die indischen
Regimentsfahnen generell nach den
britischen Bestimmungen. Vorschlä-
ge für die Gestaltung neuer Fahnen
der indischen Truppen wurden sogar
beim zuständigen »Inspector of Colours« in London eingereicht, unsere
Illustrationen geben die authentischen Entwürfe wieder, im Herolds-
amt (College of Arms) gezeichnet und
offiziell genehmigt.

Die Queen's und die Regimental
Colour der 106th Bombay Light Infantry (**381** und **382**) wurden 1867
übergeben, die Queen's Colour der
27th Bombay Native Light Infantry
(1st Belooch) (**383**) 1877. Die Regimental Colour der 27th entsprach
der Abb. **382**, aber nur mit je einer
Battle Honour auf den Querbalken
des Georgskreuzes und zwar »Delhi«
(links) und »Abyssinia« (rechts), das
Mittelemblem trug die Ziffer XXVII
und die Umschrift BOMBAY NA-
TIVE LIGHT INFANTRY or 1st
BELOOCH. Diese beiden Fahnen
veranschaulichen das Muster für Regimenter mit weißer oder roter Abzeichenfarbe.

Die Regimental Colour der 108th
Madras Infantry (**384**) zeigt den Ty-
pus für andere Regimenter. Die
Queen's Colour dazu war der Union
Jack, mit der Krone und der Ziffer
CVIII in der Mitte. Beide Fahnen
wurden im Jahr 1867 übergeben.

Die Regimental Colour der 2nd
Punjab Infantry (**385**) steht als Beispiel für Truppen mit schwarzer Abzeichenfarbe, zugleich ist zu ersehen,
daß nun, gemäß den Bestimmungen
von 1881, der Union Jack in der
Oberecke wegfiel. Die Queen's Colour war der Union Jack mit Mittelemblem und Krone, aber ohne
Kranz. Das Regiment erhielt diese
Fahnen 1882/83.
Maße: Ab 1868 Länge 112 cm,
Breite 90 cm.

**386. Indien: 1st Lancers, Hyderabad
Contingent**
Vermutlich waren die Standarten der
fünf Kavallerieregimenter des Hyde-
rabad-Kontingents (Heer des Ni-
zams) von gleicher Art. Abgebildet
ist die der 1st Lancers, beim 3. Regiment war das Blatt rot, beim 4. ebenfalls grün, aber in Guidon-Form und
mit kleineren Emblemen. Die Standarten des 2. und des 5. Regiments
konnten nicht ermittelt werden. Die
Inschrift lautet »Allahu akhbar«
(Gott ist groß). Die Ziffer 1 (unten)
erscheint oben in persischer Schrift
wiederholt. Interessanterweise trägt
auch die Standarte des 4. Regiments
die persische Ziffer 1 in Verbindung
mit der richtigen Numerierung 4. Die
mohammedanische Devise galt offenbar für das gesamte Hyderabad-
Kontingent, incl. der Infanterie.

**387.—390. Großbritannien:
Infanteriefahnen**
Ab 1881 ergaben sich einige Änderungen. Auf den Regimental Colours
entfiel der Union Jack in der Ober-

ecke, das Fahnenblatt war in der Abzeichenfarbe des Regiments, nur bei
Weiß — und damals trugen alle englischen und walisischen Regimenter
weiß egalisierte Waffenröcke — behielt man die Sonderform des durchlaufenden St. Georgskreuzes bei. In
das Mittelemblem wurden Territo-
rialbezeichnungen eingefügt. Der
Unionskranz aus Rosen, Disteln und
Kleeblättern erschien nur mehr auf
der Regimental Colour, die Bataillonsnummer in der Oberecke. Dem
Regiment ehrenhalber verliehene
Abzeichen und Devisen waren den
Fahnen des 1. und des 2. Bataillons
vorbehalten. Da britische Feldzeichen nach 1881 nicht mehr ins Gefecht kamen (bis auf einen vereinzel-
ten Fall) ist diese Neuerung, soweit
es dieses Buch betrifft, rein akade-
misch zu verzeichnen.

Die Regimental Colour der 73rd
Highlanders (**387**) stammt aus dem
Jahr 1861, sie zeigt das Aussehen vor
der Reform von 1881 und ist hier
auch als Beispiel für Fahnen ohne
schriftliche Bezeichnungen — außer
den Battle Honours — aufgenommen. **388** stellt die Queen's Colour
des 1. Bataillons der Grenadier
Guards dar, gefertigt 1867. Auffallend, daß sie praktisch der Obristenfahne des 17. Jahrhunderts gleicht.
Die richtige Anordnung von Mittelemblem mit Kranz, Abzeichen und
Battle Honours veranschaulicht die
Regimental Colour des 27th Inniskilling Regiment (**389**) aus dem Jahr
1869. Sie ist typisch für die Regi-

mentsfahnen der Kolonialepoche.
Der Schimmel des Hauses Hannover
war als Ehrenabzeichen bei der Infanterie selten.

Die Regimental Colour des 1. Ba-
taillons/Royal Welsh Fusiliers (**390**),
anno 1880 der Truppe übergeben, ist
ein letztes Beispiel für den Stil einer
Regimentsfahne kurz vor den Änderungen von 1881. Etwa 1882 wurden
weitere Battle Honours angebracht:
»Ramillies«, »Blenheim« und
»Oudenarde« (über der Krone), »Malplaquet« und »Dettingen« (über
»Minden«).

391.—392. Südafrika: Fahnen und Standarten

Damen aus Pretoria hatten die 1879
übergebene Standarte der Kavalle-
rieeinheit Weatherley's Horse gefertigt (**391**). (Die Farbe der Fransen ist
dem Autor nicht bekannt.) Eine Freiwilligenformation, die Uitenhage
Volunteer Rifles, führte die gezeigte
Fahne (**392**) von 1892 bis zur Auflösung des Regiments im Jahr 1913.
Maße: (Infanterie) Länge 112,5 cm,
Breite 90 cm. (Kavallerie) Länge 79 cm,
Breite 60 cm.

Spanische, italienische, französische und amerikanische Fahnen und
Standarten der Gründerzeit wurden
hier nicht aufgenommen, da die in den
Abschnitten über frühere Epochen
dargestellten Feldzeichen bis zum
Ende des 19. Jahrhunderts in Verwendung standen. Für Spanien siehe **309**,
für Italien **327**, für Frankreich **366** und
367, für USA **334** und **336—339**.

Index

Alphabetisch nach Staaten, mit Unterteilung nach Waffengattungen, wobei die einzelnen Regimenter ebenfalls in alphabetischer Reihenfolge angeführt sind. Die jeweilige Nummer bezieht sich sowohl auf die Abbildung wie auf den Kommentartext, Kursivsatz der Nummer bezeichnet einen Hinweis im Text, ohne dazugehörige Illustration. Regimenter in fremden Diensten sind unter der Rubrik des Staates zu finden, in dessen Sold sie standen.

Schlachtenkavallerie

Standarte	17. Jh.	9
Standarte	18. Jh.	126
Kürassierstandarten	1866—71	*369*

BEIDE SIZILIEN
(siehe Neapel)

BRANDENBURG

Infanterie

Marineregt. v. Bolsey	17. Jh.	80

Kavallerie

Regt. Herzog von Croy	17. Jh.	79

BRAUNSCHWEIG

Infanterie

Regt. Prinz Friedrich	2. Hälfte 18. Jh.	*214—15*
Regt. v. Rhetz	2. Hälfte 18. Jh.	214
Regt. v. Riedesel	2. Hälfte 18. Jh.	*214—15*
Regt. v. Specht	2. Hälfte 18. Jh.	215
Fahnen	1815	264
1. Bat. (?)	1815	264
2. Bat.	1815	Schutzumschlag, *264*
3. Bat.	1815	*264*

Kavallerie

Rotes Reiterregt.	17. Jh.	6

BRITANNIEN
(und Großbritannien)

Fahne des Earl of Montrose	17. Jh.	*39—44*

Gardeinfanterie

Fahnen	Mitte 19. Jh.	*322*
1st (Grenadier) Guards	17. Jh.	100
	18. Jh.	182
	19. Jh.	242
	Ende 19. Jh.	388
2nd (Coldstream) Guards	17. Jh.	99
	18. Jh.	183
	18.—19. Jh.	239
	Mitte 19. Jh.	322

DÄNEMARK

Infanterie

Regt. Friedrichs III.	17. Jh.	18
Leibgarde	17. Jh.	77
Regt. Rosenkrantz	17. Jh.	62

DAHOMEY (Afrika)

Banner des Königs	Ende 19. Jh.	378

DEUTSCHES REICH
(siehe auch die einzelnen deutschen Staaten)

III. Seebataillon	Ende 19. Jh.	368

ECUADOR

General Mirandas Fahne	19. Jh.	304

FRANKREICH

Gardeinfanterie

Gardes Françaises	18. Jh.	139
Grenadiers de France	18. Jh.	180
1. Grenadiers de la Garde	Anfang 19. Jh.	249
Régiment du Roi	17. Jh.	63
	18. Jh.	118

Linieninfanterie

Fahnen	17. Jh.	21—25, 63
	18. Jh.	164—169
	1791—94	*244*
	1794—1804	*245*
	1804	247
	1812	248
	1815	249
	1848	*326*
	1851	326
	1871	*367*
	1880	*367*
Adler	1804	246
	1815	*246*
23. Demi-Brigade	Ende 18. Jh.	245

SACHSEN

USA
(siehe auch Confederate States of America)

Dragoner

1st Harford Light Dragoons	Anfang 19. Jh.	301
2nd Light Dragoons	2. Hälfte 18. Jh.	222
Tallmadge's Dragoons	2. Hälfte 18. Jh.	222

Artillerie

1st Light Artillery	Anfang 19. Jh.	303
Nationalstandarte	Mitte 19. Jh.	*336, 334*
Regimentsstandarte	Mitte 19. Jh.	336
Batteriewimpel	Mitte 19. Jh.	337

WARSCHAU, Herzogtum
(siehe Polen)

WÜRTTEMBERG

Dragoner-Regt »König«	Anfang 19. Jh.	253

WÜRZBURG

Infanteriefahne	1806—14	267
Kavalleriestandarte	18. Jh.	127